佐野元春
**アンジェリーナ**
1980年3月21日発売

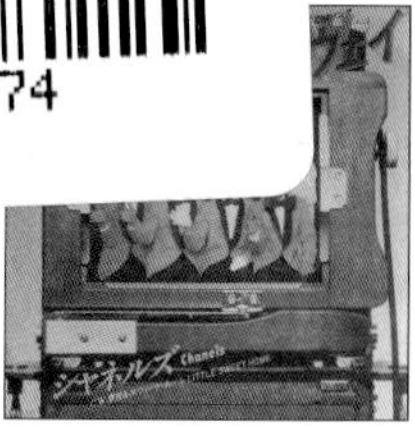


シャネルズ
**ランナウェイ**
1980年2月25日発売

ばんばひろふみ
**SACHIKO**
1979年9月21日発売

一風堂
**すみれ September Love**
1982年7月21日発売

佐野元春
**SOMEDAY**
1981年6月21日発売

THE MODS
**激しい雨が**
1983年9月21日発売

ラッツ&スター
**め組のひと**
1983年4月1日発売

渡辺徹
**約束**
1982年8月25日発売

テリー・デサリオ
**オーバーナイト・サクセス**
1984年9月21日発売

大沢誉志幸
**そして僕は途方に暮れる**
1984年9月21日発売

大江千里
**十人十色**
1984年11月1日発売

渡辺美里
**My Revolution**
1986年1月22日発売

LOOK
**シャイニン・オン　君が哀しい**
1985年4月21日発売

渡辺満里奈
**深呼吸して**
1986年10月8日発売

BARBEE BOYS
**なんだったんだ? 7DAYS**
1986年10月1日発売

鈴木雅之
**ガラス越しに消えた夏**
1986年2月26日発売

鈴木聖美 with
RATS & STAR
**ロンリー・チャップリン**
1987年7月1日発売

TM NETWORK
**Get Wild**
1987年4月8日発売

小比類巻かほる
**Hold On Me**
1987年2月26日発売

BARBEE BOYS
**目を閉じておいでよ**
1989年1月1日発売

岡村靖幸
**だいすき**
1988年11月2日発売

大沢誉志幸
**ゴーゴーヘブン**
1987年9月2日発売

BO GUMBOS
**魚ごっこ**
1989年7月1日発売
アルバム『BO & GUMBO』

遊佐未森
**地図をください**
1989年2月1日発売

バブルガム・ブラザーズ
**WON'T BE LONG**
1990年8月22日発売

ドリームズ・カム・トゥルー
**うれしはずかし朝帰り**
1989年9月1日発売

佐野元春
**約束の橋**
1989年4月21日発売

THE 真心ブラザーズ
**どか〜ん**
1990年9月21日発売

ドリームズ・カム・トゥルー
**笑顔の行方**
1990年2月10日発売

岡村靖幸
**あの娘ぼくがロングシュート決めたらどんな顔するだろう**
1990年10月10日発売

# EPICソニーとその時代

スージー鈴木
Suzie Suzuki

a pilot of wisdom

# はじめに——EPICソニーから遠く離れて

今、この本を手に取ったあなたは、あの頃、どんなふうに、EPICソニーの音楽と接していましたか?

*

82年の秋。大阪市内の府立高校に通う高1の私が教室で佇《たたず》んでいると、渡り廊下の奥にある音楽室から、ピアノの音が聴こえて来た。

♪ソドレ・レミミレ・ミーシド・ドシドー

人懐っこいコード進行に乗る、とても流麗なメロディ。音楽室にある、古ぼけたスタインウェイのピアノを弾くのは、合唱部にいた1学年上の女子の先輩だ。

さほど知り合いというわけではなかったが、数日前にラジオで聴いたことがあったメロディなので、思いきって尋ねてみた。

「その曲、何て曲ですか?」

「佐野元春の《SOMEDAY》っていう曲やで。めっちゃええやろ」

と、私がその曲を知らないことを、少しばかり小馬鹿にした感じで、もう一度ピアノを弾き出した。

♪ソドレ・レミミレ・ミーシド・ドシドー

「きれいなメロディですねぇ」

「右手の親指と小指を広げて、オクターブで鍵盤弾いたら、こういう音が出るねん」

先輩の細い指が奏でる、力強い、でも流麗なメロディが、高1の若々しい身体《からだ》全体に染み渡り、私は、それまでの人生で感じたことのない、あるみずみずしい感覚に満たされていった。

佐野元春《SOMEDAY》とともに青春の扉を開いた、15歳の秋——。

85年の2月。高3の私は、大学に現役合格することを諦め、生徒会の一員として、卒業式に向けた準備に精を出していた。

私の担当は卒業文集。３年間の思い出を綴《つづ》った同級生の文章を集めて、１冊に編集する。当然、まだＰＣなどはなく、手書きの紙を切ったり貼ったりのアナログ作業だ。

思うように作業が進まず、生徒会仲間の家にみんなで泊まり込んで、徹夜で準備することになった。ある程度の目処《めど》が付いた土曜日の深夜。こたつに入ってウトウトしているときに、強烈なフレーズが、テレビのＣＭから流れてきた。

♪もうすぐ雨のハイウェイ　輝いた季節は

「わしづかみ」という言葉があるが、ＣＭサイズの短いフレーズが、深夜、小さな部屋でウトウトする高３男子４人の心を、まるでギュッと音がするくらいに、わしづかみにした。

「ええ曲やなぁ」

「耳に残るなぁ。何ちゅう曲やろう」

画面の中では、外国人の少女がキスをするフリをしている。うだつの上がらない男子４人、リアルなキスからもたぶん縁遠かった４人が、それでも85年の春、人生の春を迎えに、ゆっくりと歩き出そうとしている。

大沢誉志幸《よしゆき》《そして僕は途方に暮れる》とともに青春のピークを予感した、18歳の春——。

89年の夏は、どうにも調子が悪かった。

7月に就職も決まり、本来ならば自由を謳歌《おうか》するべき最後の夏のはずなのだが、就職活動の経験が私をやわらかに縛り付けた。来年から大人の世界にからめとられることが、不安で億劫《おっくう》でたまらなかった。

下宿の室内アンテナ付きの小さなテレビをつけて、ビデオデッキのスイッチを入れる。画面に映るのは、EPICソニー系のプロモーションビデオが流れるテレビ東京の『eZ』だ。センスのあるビジュアルで仕立てられたこの番組は、調子の出ない当時の私の息抜きには最適だった。

岡村靖幸《やすゆき》の歌が流れてきた。

ちょっと前にラジオで聴いた《Vegetable》にひっくり返り、大学4年生の夏は、私にとって「岡村靖幸の夏」となった。アルバム『靖幸』は、歌詞を憶《おぼ》えるほど聴いたし、白状すれば、彼独特のダンスまでマスターしようとした。

♪ユカはたしかに美人だ　僕のヒップにしゃがんで

10型の小さな小さな画面の中で、岡村靖幸が《いじわる》という曲を歌い踊っている。実にエロティックに手をくねらせている。それを見て私は、来年のことなど忘れて、一瞬でも忘れようとして、画面を凝視して、岡村靖幸のように手をくねらせてみた。

岡村靖幸《いじわる》とともに青春の出口に踏み出そうとしていた、22歳の夏――。

*

EPICソニーから遠く離れて。

思い返すと、私の80年代、私の青春時代には、EPICソニーの音が、いつも響いていた。ロックで、ポップで、おしゃれで、激しくて、東京っぽくて、そして何といってもキラキラしていたEPICソニーの音。

なぜ、あの頃のEPICソニーの音は、一様に輝かしかったのか。誰がどのようにして、あの頃のEPICソニーの音を作り上げたのか。

洋楽に比べて、レーベルのカラーなど判然としなかった当時の邦楽シーンの中で、なぜEPICソニーだけが、キラキラ・イキイキとしたレーベルカラーを醸し出すことができたのか。

そして、なぜ、あれほど輝かしかったＥＰＩＣソニーが、いつのまにか、遠い記憶の彼方《かなた》に消えてしまったのか――。

これらの謎を解き明かすことが、私の使命と勝手に感じ取ったのだ。50歳前後から、少しずつ本を出し始め、テレビやラジオに出始めた遅咲きの音楽評論家として。80年代のＥＰＩＣソニーとともに、青春を過ごした世代の1人として。

「第一章　ＥＰＩＣソニーの『音楽』」では、80年代（一部70年代、90年代）のＥＰＩＣソニーが量産した名曲30曲を取り上げて評論していく。歌詞、メロディ、アレンジの音楽的分析に加えて、その曲が生み出された背景や人間模様について、丁寧に、かつ大胆に描き出したつもりだ。

よくしたもので最近は、ここで取り上げたほとんどの楽曲を、サブスクリプション・サービスで聴くことができる。ぜひ、1曲1曲を実際に聴きながら、1曲1曲についての評論を楽しんでほしいと思う。

「第二章　ＥＰＩＣソニーの『時代』」は、ＥＰＩＣソニーの「歴史」と「意味」について、総論的に追った、言わば通史となっている。「株式会社ＥＰＩＣ・ソニー」が、独特なプロセスで組成され、「ロック・レーベル」として80年代に栄華を極め、そして、ほとんどのリスナーが気付かない形で消滅していた経緯や、その経緯の中で大活躍をしたEPICソニー最大のキーパーソン＝丸山茂雄の凄《すご》みについて考察してみた。

最後は「第三章　EPICソニーの『人』」。佐野元春、大江千里《せんり》、渡辺美里《みさと》、TM NETWORK、岡村靖幸を生み出した、EPICソニーの伝説のプロデューサー＝小坂洋二と、佐野元春へのインタビューを掲載。現時点で、発言や資料がほとんど見当たらない小坂氏の言葉は、もうそれだけで貴重なものだし、また「EPICソニー史」視点の、かなり突っ込んだ質問を投げかけた佐野氏へのインタビューも、世に溢《あふ》れる氏へのインタビューにはない、特異な価値を持つものだと自負する。

＊

21年3月13日の土曜日、東京は雨が強かった。地下鉄九段下の駅からの坂道を、濡《ぬ》れながら登って日本武道館へ――「佐野元春 & THE COYOTE GRAND ROCKESTRA『ヤァ！ 40年目の武道館』」。

この日は佐野元春65歳の誕生日。しかし、そんな年齢を感じさせないほど、エネルギッシュなステージが続いていく。

最後に歌われたのは《約束の橋》。個人的なこだわりを付け加えておくと、フジテレビのドラマ『二十歳《はたち》の約束』の主題歌ではなく、あくまでアルバム『ナポレオンフィッシュと泳ぐ日』の1曲としての、それである。

♪今までの君はまちがいじゃない

この本を手に取ってほしいのは、まずは私と同世代、当時、キラキラしていたEPICソニーの音とともに青春を過ごした人たちだ。

中でも当時、「つまらない大人にはなりたくない」という思いで「すべての『なぜ?』にいつでも答えを求めていた」若者だったあなたが、この本をきっかけに今一度、EPICソニーが彩った時代の中にいる自分に立ち返ってくれると嬉《うれ》しい。

さらには、あの頃からの自らの歩みを確認して、「今までの私はまちがいじゃなかった」と肯定してくれると、心から嬉しい。そして——

♪これからの君はまちがいじゃない

ＥＰＩＣソニーから遠く離れた、この先の見えない時代、（佐野元春風に言えば）「うすのろ」のような老後に向かうポジティブなパワーを、この本から充填してくれるのであれば、そりゃもう、最高だと思うのだ。

＊

今、この本を手に取ったあなたは、あの頃、どんなふうに、ＥＰＩＣソニーの音楽と接していましたか？

※なお、「ＥＰＩＣソニー」「ＣＢＳソニー」について、法人としての正式な名称はそれぞれ「ＥＰＩＣ・ソニー」「ＣＢＳ・ソニー」となるが、本書では、法人名を表す箇所以外は「ＥＰＩＣソニー」「ＣＢＳソニー」と簡略化して表記することとする。

目次

## 2　My Revolution〜ＥＰＩＣソニーが起こした革命（１９８５―１９８７）

## 3 笑顔の行方〜ＥＰＩＣソニーの向かう先（１９８８―１９９０）

# 第二章　ＥＰＩＣソニーの「時代」

## 1　ＥＰＩＣソニーの「歴史」

ＥＰＩＣソニー、発進
丸山茂雄という男
ＣＢＳソニーのロック
ＥＰＩＣソニーの洋楽
ＥＰＩＣソニーのアイドル
「ＥＰＩＣ・ソニー」の終焉

## 2　ＥＰＩＣソニーの「意味」

ＥＰＩＣソニーとは「ロック」だった
ＥＰＩＣソニーとは「映像」だった
ＥＰＩＣソニーとは「タイアップ」だった
ＥＰＩＣソニーとは「東京」だった
つまるところ、ＥＰＩＣソニーとは「佐野元春」だった

# 第三章　EPICソニーの「人」

## 1　小坂洋二インタビュー

大学時代は信州の小諸で農業をやっていました

レコード大賞を5年以内に獲らせますよ

こんな素敵なアルバムができたことを、世界中は知っているのかな?

ワインを飲んで、《格好悪いふられ方》をレコーディングしようと説得

次が最後だと思ってやろう

プール帰りの陽に灼けた少女が、1年半後に数万人の前でステージに

頭の中で鳴っている、身体の中に充満してる音楽を完成させよう

「佐野君ありがとう」と伝えたい

## 2　佐野元春インタビュー

自分のベースは、スリっ傷だらけの子供たちが歌ってダンスする音楽

《アンジェリーナ》を出したら、みんなひっくり返るだろうと思った

大村雅朗さんの印象は、「プロ」だな

図版作成・カラー口絵デザイン／ＭＯＴＨＥＲ

# 第一章　ＥＰＩＣソニーの「音楽」

## 1　SOMEDAY～いつか、ＥＰＩＣソニーが（１９７９－１９８４）

### ばんばひろふみ《SACHIKO》が火をつけた大爆発への導火線

記念すべきＥＰＩＣソニー初の大ヒット。80年代を席巻するＥＰＩＣソニーの屋台骨となった1曲。

発売自体は79年の9月なのだが、火がつくのに少々の時間がかかったようで、ＴＢＳ『ザ・ベストテン』の初登場は、暮れも押し迫った12月6日。そして翌80年の1月10日に、最高位2位にまでのぼりつめた。ちなみにその回のランキング。

1位：久保田早紀《さき》《異邦人》
2位：ばんばひろふみ《SACHIKO》
3位：五木ひろし《おまえとふたり》
4位：クリスタルキング《大都会》
5位：郷《ごう》ひろみ《マイ　レディー》

6位：敏《とし》いとうとハッピー&ブルー《よせばいいのに》
7位：サザンオールスターズ《C調言葉に御用心》
8位：ゴダイゴ《ホーリー&ブライト》
9位：ツイスト《SOPPO》
10位：甲斐《かい》バンド《安奈《あんな》》

しかし、あの80年代ポップス色の強いEPICソニーのこけら落としとして、この曲は一見、とても似つかわしくない。あの「バンバン」出身のばんばひろふみの曲で、「♪不幸せ数えたら　両手でも足りない」という歌詞なのだから、70年代フォーク色がぷんぷんする。

ただ、よく考えたら、バンバンの《『いちご白書』をもう一度》（75年）はユーミン（荒井由実）の作詞作曲。なので、いわゆるフォークに比べてメロディは垢抜《あかぬ》けているし、また「大学で学生運動をした後に、就職のため

ばんばひろふみ
**SACHIKO**

作詞：小泉長一郎
作曲：馬場章幸
編曲：大村雅朗
発売：1979年9月21日
売上枚数：75.1万枚

に髪を切る」という内容は、フォークの時代を客観視したフォーク、言わば「メタ・フォーク」だ。

つまり、ばんばひろふみという人は、フォーク畑から出てきたにもかかわらず「純粋フォークシンガー」とは言い難いところがあった。そして洋楽にもかなり精通していた。大阪出身の私は当時、関西の人気ラジオ番組だったＭＢＳ『ヤングタウン』で聞いた、ばんばのトーキング・ヘッズ論に感心した記憶がある。

そのせいか、この《SACHIKO》も、フォーク的な歌詞の背後に、垢抜けたポップス性が横溢《おういつ》している。

まずは馬場章幸（ばんばひろふみのペンネーム）によるメロディ。メジャーセブンスや分数コードを多用したコード進行に、「♪SACHIKO　思い通りに」のところのビリー・ジョエル《Honesty》（78年）風フレーズ、「♪それが悲しい　恋でもいい」の「恋でもい」の「ソ♯」連打、「♪笑い方も　忘れた時は」の後のクリシェなど、ポップスとしての工夫が十分に凝らされている。

しかしそれよりも、この曲の印象をポップにするのはアレンジである。編曲家のクレジットを見てほしい――大村雅朗《まさあき》。

近年、再評価の気運が高まっている大村雅朗だが、世間でよく語られる大村雅朗論（私のそれを含む）は往々にして、80年代の作品についてのものである。しかし私は、実は78〜79年頃の大村作品を愛する者でもある。

この時代の大村作品の特徴は、アコースティックピアノの多用。この《SACHIKO》に加えて、大村雅朗が編曲を手がけた同年のヒット＝岸田智史《さとし》《きみの朝》、永井龍雲《道標《しるべ》ない旅》は、いずれも、跳ね回るようにアレンジされたピアノが曲の印象を決定づけている。

80年代にはシンセサイザーや打ち込みを多用するようになる大村雅朗だが、78〜79年頃の大村作品では、そのシンセの部分をアコースティックピアノに託している感じがするのだが、どうだろう。

そのアコースティックピアノを引き受けたのが、名ピアニスト・羽田《はねだ》健太郎。この曲のイントロと間奏は、渡辺真知子のいくつかの作品と並んで、羽田のベストプレイの1つとなろう。イントロから炸裂《さくれつ》する、超絶に細かい指使いを聴き流してはいけない。このプレイが生まれた驚きの背景について、ばんばひろふみはこう語っている。

編曲家が『幸子』（筆者註：制作時のタイトル）のアレンジを忘れてしまって（笑）。ピアノの名手・羽田健太郎さんが、ヘッドアレンジ（譜面なし）しようよ、と。即興で弾いたのが、あの印象的なイントロなんです。怪我《けが》の功名で、編曲家がきっちり作っていたら、あのイントロにはならなかった。

（Smart FLASH『「SACHIKO」のサビは新幹線で突然降りてきた』２０１６年11月11日）

ばんばひろふみによるＥＰＩＣソニー初の大ヒットは、大村雅朗×ＥＰＩＣソニー初の大ヒットでもあった。そして、その後の大村は、ＥＰＩＣソニーにとって、あまりにも重要な音楽家たちと絡んでいく――佐野元春、大沢誉志幸（現：大澤。本書では大沢で統一）、大江千里、渡辺美里、小室哲哉《てつや》、岡村靖幸……。

つまり、大村雅朗とは、ＥＰＩＣソニーの「陰の主役」のような存在だった。そのあたりを、本書ではしっかりと追っていきたい。

ばんばひろふみが火をつけた、80年代ＥＰＩＣソニー大爆発への導火線。その導火線は、大村雅朗のアレンジ、羽田健太郎のプレイで跳ね回るアコースティックピアノのピアノ線でできていた。

追記：その後羽田健太郎は、07年6月2日に亡くなる。享年58。喪主を務めた妻の名前は幸子《さちこ》さんだった。

シャネルズ《ランナウェイ》が連れて行ってくれた遠い世界

100万枚近くの大ヒット。しかし、ばんばひろふみ《SACHIKO》に続いてこの曲という
ことで、レーベルとしての音楽的方向性は、まだ見えてはいない。

しかし大ヒットとなった要因は、くっきりと見えている。CMタイアップである。80年代に
入り、いよいよ本格的に定着し始めたCMタイアップという手法。CMのBGMとして、楽曲
タイトルのテロップ付きで新曲を流し、その新曲の拡販につなげるという仕組み。

ただ、この《ランナウェイ》のタイアップは、普通のタイアップではなく、商品・CM・楽
曲が、次のようにかなり濃厚に連携していた。だから爆発的ヒットになったと考えるのだ。

・商品は、パイオニアのラジカセ「Runaway」（ランナウェイ）であり、ブランド名と曲名が同
一であること。

・CMの内容は、少年がそのラジカセ「Runaway」を持って家出をしようとするのだが、駅
で駅員に制されるというもので（80年代を代表する傑作CMの1つ）、こちらは曲《ランナウェ
イ》の歌詞とぴったりと合っていること。

先にＣＭのアイデアがあり、それに合わせて楽曲を作ったという。だから、単なるＣＭのＢＧＭではなく、商品・ＣＭ・楽曲が相乗効果をもって、１つの世界を作っている。その結果としての大ヒットだったのだ。

作詞は湯川れい子。80年代の湯川は、松本伊代《センチメンタル・ジャーニー》（81年）やアン・ルイス《六本木心中》（84年）などの作詞家として活躍するのだが、その端緒となった１曲である。

18年に発売された、湯川れい子の自伝『女ですもの泣きはしない』（KADOKAWA）によれば、この《ランナウェイ》の歌詞は、自身の経験に基づいて書いたという。引用文中の「直也」は、湯川が若い頃に大恋愛をした、ジャズ好きで遊び人の受験生。

遊んでばかりいる直也は、受験勉強をしろと言われて自室にとじ込められた。父親の目を盗んで２階から逃げ出し、私が待つ有楽町駅のホームにやってきた。靴を持ち出せず白いソックスしか履いていなかったけれど、それでも直也は私を連れてジャズ喫茶「コンボ」に行き、じっとジャズに耳を傾けていた。その横顔には少年の面影が漂っていた。「連れていってあげるよ」と直也は言っていた。行き先は「二人だけの遠い世界」。

さて、そのような背景の中、大ヒットしたこの曲だが、ドゥーワップ好きを公言し、顔を黒く塗り、黒人風のいでたちでデビューした当時のシャネルズに対して、批判的な眼差《まなざ》しが向けられていたことも、併せて指摘しておきたい。私が敬愛する小林信彦の発言。

> ぼくは、戦後三十五年間における、日本人のアメリカ誤解の一つの頂点じゃないかと思う、シャネルズというのは。(中略)とにかく、ほんとに塗ったか知らないけど、初めは靴墨塗ったといって朝日のテレビ欄に投書が出て、彼らは黒人を差別しているんじゃないかというと、また、それに対する反論が出て、そうではないとかいう意見が出たりして、笑いました。(中略)あれ、テレビで初めて見たとき気持ち悪かったですよ、ぼくは。気持ち悪かったというのは、気味が悪いじゃなくて、日本人の典型的な体型で、足が短くてさ、あれが手を向こうのショーみたいに動かしてね。何だろうと思ったものね。

シャネルズ
**ランナウェイ**

作詞:湯川れい子
作曲:井上忠夫
編曲:井上忠夫
発売:1980年2月25日
売上枚数:97.5万枚

（小林信彦・片岡義男『星条旗と青春と―対談：ぼくらの個人史』角川文庫）

先に述べた商品・ＣＭ・楽曲の完全連携で、大衆はシャネルズを盲目的に受け入れたのだが、アメリカ文化を知り尽くしている小林信彦の目からは、完全なるゲテモノに見えたということだろう。

この件で思い出すのは、数年前にあるテレビ番組で、人気タレントが黒人風のメイクをして、海外メディアなどから「人種差別的」との声が上がった、いわゆる「黒塗り問題」である。

ただ、この問題とシャネルズの間に横たわる決定的な違いは、黒人文化に対するスタンスである。単なるお笑いネタとしての黒人メイクに対して、シャネルズ、とりわけリーダーの鈴木雅之には、黒人文化に対する強烈にピュアな憧れがあり、その結果として、靴墨に手を出したと思うのだ。

それでも今、鈴木雅之が黒塗りで出てきたら「アウト」かもしれないが、80年という時点でのアメリカ（黒人）文化には、今とは比べ物にならないほど、日本人からの距離感があったわけで、その距離感が、黒塗りという極端な行動を誘発したと考えれば、責められるべきものではないだろう。

松本隆の作詞活動45周年を祝うコンサート『風街レジェンド２０１５』に出演した鈴木雅之

はこう挨拶した――「日本初の黒人、鈴木雅之です」。ここまで来ればもうアッパレではないか。

80年は、シャネルズのデビューと、山下達郎のア・カペラ作品『ON THE STREET CORNER』が発売され、アメリカから遠く離れたこの日本で、ドゥーワップの文化が根付き始めた年。

そして80年は、この2組の師匠とも言える大滝詠一が、弟子たちに先を越されながら、アメリカンポップスのエッセンスがぎゅうぎゅうに詰まった『A LONG VACATION』（81年）のレコーディングを、コツコツと進めていた年。

――連れて行ってあげるよ、アメリカ文化という遠い世界へ。

## 《アンジェリーナ》における佐野元春と大村雅朗とのガチンコ対決

いよいよ、EPICソニーの歴史における主役のお出ましだ。

しかし、売上枚数を書き写そうと、手元の『オリコンチャート・ブック：1968―1997』を見て、いきなりつまずく。この、歴史的とも言える佐野元春のファーストシングルや、続く《ガラスのジェネレーション》（80年）、《NIGHT LIFE》《SOMEDAY》《ダウンタウン・ボーイ》（以上81年）、《彼女はデリケート》（82年）などが、まるごと記載されていないのだ（82年4月発売の《Sugartime》より記載されているが、その売上枚数はたった1・6万枚）。

要するに、これらのシングルは、チャート圏外。大して売れなかったのだ。

ということは、この《アンジェリーナ》の時点での佐野元春は、まだ海の物とも山の物ともつかない、新人シンガーに過ぎなかった。このシンガーが後に「EPICソニー史の主役」になることなど、世間の誰も考えてはいなかったのだ。

とは言え、この曲に詰め込まれた音楽的アイデアは果てしない。最も特筆すべきは、拙著『80年代音楽解体新書』（彩流社）にも書いた、日本語歌詞とビートとの組み合わせ方である。

「♪シャンデリアの～」について、普通の日本語の歌詞だと、「♪シャ・ン・デ・リ」となるはずです。それを若き佐野元春は、ちょっと無理矢理に「♪シャンデリアの」まで、詰め込んだのです。

この曲の「どアタマ」の一拍＝「♪シャンデリ（アの）」、このたった一拍が、ＥＰＩＣソニー史を、さらに言えば、日本のロック史を変えた（32ページ図1）。

そしてもう1つ、この曲についての重要なポイントを書き加えるならば、それはアレンジである。担当したのは大村雅朗。彼こそ「ＥＰＩＣソニー史の陰の主役」だ。

> この曲のアレンジについて、私は拙著『イントロの法則80's―沢田研二から大滝詠一まで』（文藝春秋）でこう書いた――「ニューウェーブ版《明日なき暴走》」。《明日なき暴走》と言えば、もちろんブルース・スプリングスティーンの75年のヒット曲《Born to Run》の邦題である。

と書くと、「大村雅朗が洋楽のヒット曲を借用した」という、低い次元の話に聞こえるかも

佐野元春
**アンジェリーナ**

作詞：佐野元春
作曲：佐野元春
編曲：大村雅朗
発売：1980年3月21日

図1

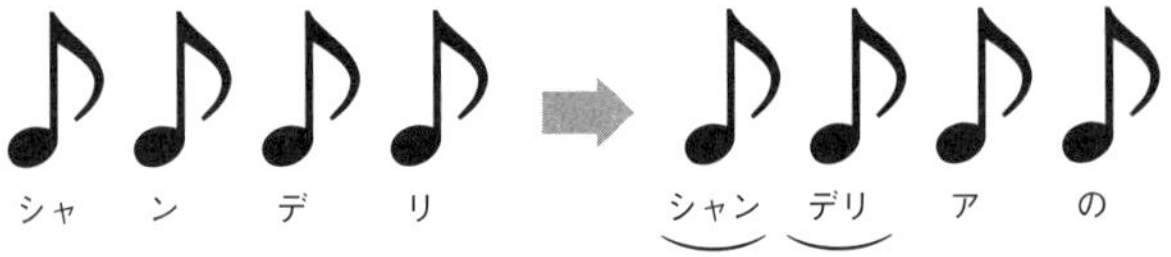


しれないが、それは全く本意ではない。むしろ「ニューウェーブ」と《明日なき暴走》をかけ合わせるというダイナミックな発想と、それを過不足なく実現したアレンジは、大村雅朗という人の圧倒的な才能を証明するものだと思っている。

「ギョンギョロ・ギョンギョロ〜」という感じの、不思議なエフェクトをかけたギターが鳴り響き、そして飛行機のジェット音のような「シャー！」という音が高まる。それらをかき消すような「ダダダーン！」というドラマティックなピアノを追って、極めつけは、こちらもエフェクトを強く効かせた、複数の乾いたサックス——。

文字にすると、何とも間が抜けているが、間が抜けていると感じるのは、いまだに新しいと感じさせる音だからである。いまだに「ニューウェーブ」だからである。こんなにチャレンジングなイントロは、なかなかない。

ただし、そんな果敢なアレンジを、デビュー寸前、キレッキレの佐野元春が好んだかどうかは、また別の話である。佐野元春の公式ファンサイト内にある、当時の佐野のプロデューサー＝小坂洋二氏へのインタビューより。

小坂：ええ。フリーダム・スタジオで「アンジェリーナ」や「バッド・ガール」などの4曲をレコーディングしました。大村雅朗さんのアレンジで、当時としては一流のスタジオ・ミュージシャンに集まってもらったんだけど、大村さんのアレンジにしても、彼らのプレイにしても、佐野君にとっては抵抗があって、どうしてもアレンジャーやプレイヤーへの注文が多くなるから、進行が滞るわけです。そうするとミュージシャンたちは僕に苦情を言いに来るし、アレンジャーの大村さんも困る。で、最後には「それなら自分でやればいいじゃん。冗談じゃない。俺たち、もう帰るよ」ということになる。だけど、ミュージシャンたちは皆、「しかし、あいつ、いったい何者なの？」と呟きながら帰っていきました。佐野君は彼らにそれだけ強烈な印象を与えたんですね。

佐野元春という人の面白いところは、その独特の奇妙で面倒くさい行動も、どこかコントのように感じられるところだ。このエピソードも、大村雅朗に対して、佐野元春が、いちいち面倒くさい注文を付けている姿を想像すると、何とも笑えてくるのだが。

しかし、若き佐野元春と大村雅朗が、ガチンコでぶつかり合ったこの曲のアレンジには、今にも着火しそうなヒリヒリした魅力が詰まっている。この令和の今でも・今にも着火しそうな――。

《アンジェリーナ》のレコーディングに参加したミュージシャンが「しかし、あいつ、いったい何者なの？」と思ったとしたら、この曲のアレンジ、この曲のイントロを聴いた佐野元春は、大村雅朗のことを「いったい何者なの？」と思ったはずだ。

その後、佐野元春は『SOMEDAY』（82年）、『VISITORS』（84年）、『Café Bohemia』（86年）などの傑作・問題作を、ＥＰＩＣソニーから次々に発表し、そして大村雅朗も、大沢誉志幸《そして僕は途方に暮れる》（84年）や渡辺美里《My Revolution》（86年）など、こちらも傑作とも問題作とも言えるアレンジを、ＥＰＩＣソニーから世に問うていく。

佐野元春と大村雅朗――この、全く毛色の異なる縦糸と横糸が織りなしたものが、80年代という時代を彩った、鮮やかなＥＰＩＣソニーの歴史だった。

## 傑作《SOMEDAY》を生み出した佐野元春の編集感覚

ＥＰＩＣソニー史上、一、二を争う傑作。

ただし注目すべきは、翌82年にリリースされた同名アルバムの勢いを受けて、佐野元春を大きくブレイクさせることとなるこの曲が、その約1年前に、シングルとして、ヒットすることもなく、ひっそりと発売されていたということだ。

発売日は81年6月21日。大滝詠一の大ヒットアルバム『A LONG VACATION』の発売は、そこから、さらにさかのぼること約3か月の3月21日。この項の主人公は、この「約3か月」、具体的には「92日間」。さらに言葉を補えば――「たった92日間」だ。

この曲の制作は、80年の秋、佐野元春がタクシーの中で押し黙っている姿から始まる。

> 大滝さんが『A LONG VACATION』のレコーディングをやっている頃、スタジオへ遊びに行っていいか訊いたら「おいでよ」って言ってくださって。佐野君も誘ったら是非行きたいっていうんで、一緒に六本木のソニー・スタジオへ行きました。（中略）それでスタジオへ行くと、例のフィル・スペクター方式ですよ。驚きましたね。アコースティック・ギターが何人もいて、ピアノも2人ぐらいいて、何回もピアノをかぶせてね。（中略）

その光景を見て佐野君もびっくりしてました。帰る方向が一緒なんで、佐野君と同じタクシーに乗って帰ってきたんですけど、佐野君も衝撃を受けたようで、凄く口数が少なかった。

（伊藤銀次『自伝 MY LIFE, POP LIFE』シンコーミュージック・エンタテイメント）

私が驚くのは、佐野元春の飲み込みの早さだ。70年代の大滝詠一が、苦闘に苦闘を重ねて、やっとこさ作り上げたナイアガラ・サウンドの技法を、あっという間に習得し、『A LONG VACATION』のたった92日後に、「佐野元春版ナイアガラ・サウンド」とも言える、この《SOMEDAY》をリリースしたという事実（この事実の背景にある、少年時代からのフィル・スペクターへの敬愛については、本書第三章にある佐野元春本人へのインタビュー参照）。

マキタスポーツは、私と出演していたBS12トゥエルビの『ザ・カセットテープ・ミュージック』の番組内で、「佐野元春は編集者《エディター》だ」という意味の発言を数回している。私も同感で、特に初期・佐野元春は、まるで編集者が雑誌の特集を毎回変えるがごとくに、音楽的方向性がころころと変容している。

■架空雑誌『初期の佐野元春』バックナンバー

・《アンジェリーナ》：特集「ブルース・スプリングスティーンとニューウェーブ」

・《ガラスのジェネレーション》：特集「ニック・ロウとパブロック」
・《SOMEDAY》：特集「大滝詠一と私」

しかし、特集はころころと変容しているものの、雑誌自体のコンセプトは「洋楽ロックンロールと日本語の過激な融合」で一貫していることが佐野元春の凄みであり、だからこそ、徐々に人気を拡大できたと考えるのだが。

《SOMEDAY》号の特集は「大滝詠一と私」。つまりこの曲は、大滝詠一からの影響を、佐野元春自身がどう受け止めたかということがテーマの作品になっている。

「銀次、〝SOMEDAY〟は僕の好きなようにやってみたい」

と、伊藤銀次は佐野元春から言われたという（前掲書）。作詞作曲はもちろん、編曲も佐野自身が中心となって進められた。

佐野元春
**SOMEDAY**

作詞：佐野元春
作曲：佐野元春
編曲：佐野元春
弦編曲：大村雅朗
発売：1981年6月21日

さて、冒頭に書いたように、この曲が一般的に知られるのは、翌年5月に発売されたアルバム『SOMEDAY』によってだ。82年と言えば私は高1。土曜日の放課後、高校の音楽室から流れてくる、誰かがグランドピアノで弾くこの曲のイントロを聴いて思った——「何と美しいメロディなのだろう」。

当時はまだ佐野元春や音楽理論に関する知識を持ち合わせていなかった。だからこそ、とても感覚的にイントロの美しさを受け止めたのだと思う。今思い出すそのときの感覚と、この曲に組み込まれた2つの劇的なフレーズは、見事に呼応する。

♪若すぎて何だか解らなかったことが　リアルに感じてしまうこの頃さ
♪ステキなことはステキだと　無邪気に笑える心がスキさ

最後に、この曲のシングルリリースと同時に配布されたチラシに掲載されていた、佐野元春本人によるメッセージのエンディングを紹介しておく。

そして一言。世の中の右傾化を語るよりも、まず初めに〝約束〟ということを教えることが必要だよ。

一九八一年五月　佐野元春

### 一風堂《すみれ September Love》の先進性と土屋昌巳《まさみ》のロックンロール性

ギラギラした生地のミニスカート・スーツ姿で、いかにも骨太な手脚をバタバタさせてダンスを披露する「世界一の美女」＝ブルック・シールズ――。

82年のカネボウ秋のキャンペーンCM。ナレーションは「ブルックのすみれ色。秋のレディ'80《エイティー》です」。「レディ'80」とはカネボウのブランド名。そして「すみれ色」はリップスティックやアイシャドウなどのキャンペーン・カラーということになる。

80年代のEPICソニーのヒット曲には、CMやPV（プロモーションビデオ。現在のMV）など、映像が浮かぶものが多いのだが、この曲などはその典型。「ザ・CMヒット」という感じさえする。このCMが流れるまで世間は、一風堂や土屋昌巳の存在など、ほとんど知らなかったのだから。また現在でも、この曲以外の一風堂の作品を知っている人は稀《まれ》だろう。

それくらい、このCM・この曲にはインパクトがあり、大ヒットに結実した。ご存じの通り当時は、カネボウと資生堂が、季節ごとの音楽タイアップキャンペーンを競っていたのだが、少なくとも82年の売上枚数だけで言えば、カネボウに軍配が上がる。

■82年　カネボウvs.資生堂　タイアップソング売上枚数対決（万枚）

（春）
カネボウ　ハウンド・ドッグ《浮気な、パレットキャット》（13・6）
資生堂　忌野《いまわの》清志郎《きよしろう》＋坂本龍一《い・け・な・いルージュマジック》（41・4）
（夏）
カネボウ　山下久美子《赤道小町ドキッ》（40・8）
資生堂　矢沢永吉《LAHAINA》（19・3）

一風堂
**すみれ September Love**

作詞：竜真知子
作曲：土屋昌巳
編曲：土屋昌巳
発売：1982年7月21日
売上枚数：45.2万枚

（秋）
カネボウ　一風堂《すみれ September Love》（45・2）
資生堂　山根麻衣《気分はフェアネス》（5・2）

土屋昌巳は、斉藤ノヴや坂本龍一なども参加していた、りりィのバックバンド「バイバイ・セッション・バンド」のギタリストで、大橋純子のバックバンド「美乃家セントラル・ステイション」を経て、79年に「一風堂」を結成ということなので、奇妙な名前のバンドに取り憑《と》《つ》かれた人だ（ちなみに「一風堂」というネーミングはラーメン店由来ではなく、むしろラーメン店のほうがバンド「一風堂」由来）。

この曲で一気にブレイク。印象的だったのは、TBS『ザ・ベストテン』（82年10月7日）。土屋昌巳はイギリスのバンド＝JAPANのワールドツアーにサポートメンバーとして参加していた関係で、ロンドンから出演したのだ。ちなみにその日のランキング。

1位　あみん《待つわ》
2位　高樹澪《たかきみお》《ダンスはうまく踊れない》
3位　沢田研二《6番目のユ・ウ・ウ・ツ》
4位　田原俊彦《NINJIN娘》
5位　河合奈保子《けんかをやめて》
6位　一風堂《すみれ September Love》
7位　中森明菜《少女A》
8位　郷ひろみ《哀愁のカサブランカ》
9位　松田聖子《小麦色のマーメイド》

## 10位　近藤真彦《ハイティーン・ブギ》

そう言えば、この曲のサウンドも、特にギターのカッティングなどに、「第2次ブリティッシュ・インヴェイジョン」などと言われた、当時のブリティッシュ・ロックの影響を感じる。具体的に言えば、例えばデュラン・デュランの一連のヒット曲に近いものがある。

注目したいのは、この曲の発売が82年の夏で、シングル《プリーズ・テル・ミー・ナウ》(Is There Something I Should Know?)以降のデュラン・デュランの本格的ブレイクは83年だから、かなり早いということだ。少なくとも、デュラン・デュランらと同時期・同一のムーブメントの中に、この音はある。

さらにメロディの独創性にも触れておきたい。この曲のメロディに、どことなくオリエンタル(東洋的)な香りを感じる人が多いだろう。それにも明快な理由があって、メロディが(ほぼ)五音音階でできているのだ。

五音音階とは「ド・レ・ミ・ソ・ラ」だけでできている音階で、世界各国の民謡で多用される土着的な音階である。具体的には日本の民謡や演歌、そして(トラッドな)中国的メロディなどでよく使われるものだ。

この曲も、「♪それは九月だった」＝「♪ソ・ソミ・ー・ーソ・ミレ・レーミ・ー」と五音音階のみで進んでいく（その後、サビの「♪September Love〜」で、満を持して一瞬だけ「ファ」を使ってインパクトを出すのだが、このあたりも実にうまい）。

まとめれば「80年代前半の英国系東洋趣味耽美派」ということになるが、その系統の世界的代表作と言える、デヴィッド・ボウイ《チャイナ・ガール》の発売も翌83年のことであり、とにもかくにも、この曲の世界的水準での先見性は、もっと評価されていいと思う。

さて、最後に土屋昌巳の話をしたい。私は当時、「蠟《ろう》人形のような人」と認識していた。とにかく生気がないのである。一風堂だけでなく、後にフジテレビ『夕やけニャンニャン』で司会をする土屋も見たが、その印象は変わらなかった。

そんな私が、初めて土屋昌巳の生気のある顔を見たのは約20年後のこと。04年公開のゴールデン・カップスのドキュメンタリー映画『ワンモアタイム』の中で。

なんでも、土屋昌巳は、ゴールデン・カップスに憧れ、15歳で静岡の実家から家出をしたという経歴の持ち主だったというのだ（生年から推定すると67年のこと）。

「ボーヤ（註：ローディーのこと）にしてください」とメンバーに直談判《じかだんぱん》するも、デイヴ平尾は「田舎者は帰れ！」と、けちょんけちょんにイジめてくる。でも、ルイズルイス加部は思いのほか優しくて、またエディ藩《ばん》は「ボーヤにしてやる」という意志を示すべく、グレッチのギターを無言で渡してくれて、それがめちゃくちゃ嬉しかった――というエピソードを、土屋昌巳が映画の中で話すのだが。

その話し方、口振りが実に楽しそうなのである。まさに喜色満面で語るのだ。それを見て私は、溶けた蠟の中にいた、ロックンロールキッズとしての土屋昌巳を初めて知り、強烈なシンパシーを感じた。「早く言ってよ」と。

そう考えると、この「ザ・CMヒット」の印象も変わってくる。80年代前半の日本で、最先端のブリティッシュ・サウンドを生み出していた土屋昌巳には、60年代後半の横浜で、最先端のヨコハマン・サウンドを生み出したゴールデン・カップスの魂が宿っていたのだと。

## 渡辺徹《約束》に見る「シティポップ歌謡」誕生の歴史的必然

80年代EPICソニーの凄みは、この曲のような世に「一発屋のタイアップヒット」くらいに受け止められている楽曲であっても、そこに新しく深く面白い音楽性が潜んでいることだ。

まず経緯だけ説明すると、当時の渡辺徹は新進の俳優。81年からは日本テレビ『太陽にほえろ!』の新人刑事「ラガー」役に大抜擢《だいばってき》され、人気を得たところ。

並行して、82年からは歌手としての活動もスタート。4月に発売された、堀内孝雄作曲のデビューシングル《彼〈ライバル〉》は2・3万枚の売上にとどまるも、セカンドシングルのこの《約束》が54・4万枚の大ヒットとなり、歌手としてもいきなりスターダムにのし上がる。

ヒットの要因は、他のEPICソニー系ヒット曲と同じく、CMタイアップの力が大きい。何といっても、あのグリコ・アーモンドチョコレートのCMで、渡辺徹本人も出演、加えて、相手役がデビュー間もない小泉今日子なのだから（ちなみにサードシングル《愛の中へ》―82年―も同じくグリコ・アーモンドチョコレートのタイアップ曲で21万枚を叩《たた》き出しているので「一発屋」は失礼だ）。

《約束》についての一般的な説明は以上のような感じになるのだが、今改めてこの曲を聴いて強く感じるのは、この曲のシティポップ性である。「一発屋のタイアップヒット」という触れ込みにはそぐわない、小洒落《こじゃれ》た音楽性が気になるのだ。

そう感じたのは、この曲のイントロと、約2か月後に発売される稲垣潤一《ドラマティック・レイン》のアレンジが似ているのに気付いたことがきっかけだった。イントロを階名で書くと、

・渡辺徹《約束》：
♪ッミ・レッ・ミッ・レミ・ッミ・レッ・ミッ・レッ

・稲垣潤一《ドラマティック・レイン》：
♪ッミ・レッ・レッ・ドレ・ッミ・ミー

と、同じくマイナー（短調）キーで階名ミとレの音を中心とした音使いがそっくりである（ぜひ聴いてみてほしい）。また4分音符を強調したリズムもよく似ている。

先に細かい話を片付けると、この「マイ

渡辺徹
**約束**

作詞：大津あきら
作曲：鈴木キサブロー
編曲：大村雅朗
コーラス編曲：川村栄二
発売：1982年8月25日
売上枚数：54.4万枚

ナー（短調）キーで階名ミとレの音を中心としたイントロ」で思い出されるのは、前年11月発売、薬師丸ひろ子の大ヒット《セーラー服と機関銃》である。階名で書くと、

・薬師丸ひろ子《セーラー服と機関銃》：
♪ミ・レッ・ドレ・ッミ・ー

と、これもミとレを中心にできていて、渡辺徹《約束》、稲垣潤一《ドラマティック・レイン》と同種のイントロとグルーピングできよう。

イントロの話を超えた、曲全体に関する聴感上の共通性の視点から、この3曲にもう1曲追加したい曲がある。その曲とは――村下孝蔵《こうぞう》《初恋》。

発売は翌83年の2月。というわけで、81年11月から、たった1年と数か月の間に発売されたこれら4曲に共通する音楽性とは、「マイナー（短調）キーでありながら、メジャーセブンスやsus4（サス・フォー）、分数コードなどを多用して、小洒落た音楽性を実現していること」。もう少しストレートに言えば、「シティポップ歌謡」とでもいうべき音楽性だ。

81年の大滝詠一『A LONG VACATION』と寺尾聰《あきら》『Reflections』、82年の山下達郎『FOR

YOU』という3枚のアルバムで、日本の音楽シーンにシティポップの号砲が放たれたとして（註：ここでの「シティポップ」は、昨今世界中で偏愛されている竹内まりや《PLASTIC LOVE》―84年―、松原みき《真夜中のドア～stay with me》―79年―などとは異なる、80年代的な意味合いで用いている）、これらの作品の先鋭性と、従来のニューミュージックや歌謡曲の流れが合わさったところに、《セーラー服と機関銃》《約束》《ドラマティック・レイン》《初恋》という「シティポップ歌謡」があると私は見ている。

驚くべきは、これらの「シティポップ歌謡」の作者に、まるで統一性がないことだ。

■歌手名《曲名》：作詞／作曲／編曲
・薬師丸ひろ子《セーラー服と機関銃》：来生《きすぎ》えつこ／来生たかお／星勝《ほしかつ》
・渡辺徹《約束》：大津あきら／鈴木キサブロー／大村雅朗・川村栄二
・稲垣潤一《ドラマティック・レイン》：秋元康／筒美《つつみ》京平／船山基紀《もとき》
・村下孝蔵《初恋》：村下孝蔵／村下孝蔵／水谷公生《きみお》・町支寛二《ちようしかんじ》

まるで統一性がないということは、「シティポップ歌謡」の誕生が、ある仕掛け人の策謀から生まれたものではない、言わば「歴史的必然」だったということだろう。

「シティポップ歌謡」を聴いて思い出すのは、82年の若者たちの見てくれである。ハマトラ、ニュートラ、プレッピー。華やかで明るい色のファッションを堂々と着こなし、ヘアスタイルは、丁寧にブローされたパーマネント（この曲のジャケットの渡辺徹がまさにそう）――。「日本の歴史上、若者が一番小綺麗《こぎれい》だった時代」ではないだろうか。翌83年あたりからは、ポストモダンが襲来して、髪を刈り上げてツンツンさせて、全身黒で固めた「カラス族」などが出てくるので、なおさら82年の小綺麗な若者たちが愛《いと》おしくなる。

そういう若者たちが、原宿あたりを歩くときのBGMとして、「シティポップ歌謡」はふさわしい。小綺麗な若者には小洒落た音楽がよく似合うんだ。

## ラッツ&スター《め組のひと》と井上大輔の湿ったロックンロール

《ランナウェイ》の大ヒット（97・5万枚）で世に出たシャネルズが「ラッツ&スター」に改名して最初のシングル（厳密には、シャネルズ時代においても「CHANELS」→「SHANELS」に改名した）。62・2万枚も売れているので、改名は大成功ということになるのだが。

しかし、このシングル発売の日に高校2年生になった私は、この改名とこの曲を、少々冷ややかに見ていた。いかにもドゥーワップ・グループっぽい「～ズ」から離れ、また曲調も、ドゥーワップというよりはラテン×ディスコで（後に「ファンカラティーナ」という言葉を知る）、また、特異なタイトルにも違和感を覚えたものだ。

実はこの《め組のひと》は、資生堂83年の夏のキャンペーンのタイアップソングで、変わったタイトルはCMのコピーをそのまま使っている。江戸時代の火消し組の名前を模しながら、「め」（目）を際立たせるアイシャドウ「資生堂サンフレア」のプロモーションと直結したものだった。

「め組のひと」というコピーが先にあって、麻生麗二《あそうれいじ》という作詞家がそのコピーから、見事な職人技で歌詞世界を広げたのだろう。この麻生麗二という作詞家のまたの名は売野雅勇《うりのまさお》。前年に中森明菜《少女A》で名をあげた売野が、元コピーライターという経歴も活《い》かしながら、この曲でさらにブレイク。人気作詞家として、ここから数年、時代と寝ることになる。

作曲は井上大輔。こちらもラッツ&スター、麻生麗二同様の改名組で、81年に井上「忠夫」から「大輔」に改名。そしてこの人もまた当時、まさに時代にぴったりと寝ているところ。シンガーとしては映画『機動戦士ガンダム』の主題歌となった《哀 戦士》(81年)と《めぐりあい》(82年)、プレイヤーとしては、山下達郎《悲しみのJODY(She Was Crying)》(83年)における爆発的なサックスソロ、そして何といっても作曲家としてヒットを連発していた。

火付け役となったのはシャネルズ、そしてシブがき隊である。この2組が導火線となって、83～84年には「井上大輔メロディ」が、ラジオから絶え間なく流れ続けていた。81年以降の主な「井上大輔メロディ」リスト。

■歌手名《曲名》／発売月／作詞家／売上枚数(万枚)

・シャネルズ《街角トワイライト》／81年2月／湯川れい子／71・7(井上忠夫名義)
・シブがき隊《ZIG ZAG セブンティーン》／82年10月／三浦徳子《よしこ》／33・5(シブがき隊最大のヒット)
・ラッツ&スター《め組のひと》／83年4月／麻生麗二／62・2
・葛城ユキ《ボヘミアン》／83年5月／飛鳥涼／41・4

・郷ひろみ《2億4千万の瞳》／84年2月／売野雅勇／21・3
・杏里《あんり》《気ままにREFLECTION》／84年4月／三浦徳子／17・1

ニューウェーブなアレンジを剝いで、これらの楽曲の本質に耳を澄ませてみると、驚くほどの一貫性があることに気付くだろう――「短調（マイナー）で日本的に湿ったロックンロール」。具体的には（キーを【Am】に移調すると）、【Am】【Dm】【E7】【F】【G】などを多用した、かなり通俗的なコード進行が、ミディアム以上の軽快なビートの上に乗っている感じ。それが、時代と寝た「井上大輔メロディ」の本質だと思う。

ラッツ&スター
**め組のひと**

作詞：麻生麗二
作曲：井上大輔
編曲：井上大輔、ラッツ&スター
発売：1983年4月1日
売上枚数：62.2万枚

ここで思い出すのが、井上大輔という人の出自である。ご存じ、67年の日本レコード大賞に輝く大ヒット《ブルー・シャトウ》で知られる人気GS（グループサウンズ）＝ジャッキー吉川とブルー・コメッツのボーカル兼サックス（フルート）兼作曲担当だ。

童謡《月の沙漠》との近似性がよく指摘さ

れる物哀《ものがな》しい《ブルー・シャトウ》や、さらにロック色が強いものの、こちらもやはり湿り気のある《青い瞳》（66年）（ブルー・コメッツの実質的デビュー曲）などは、ビートルズのロックンロールと、日本的な湿気を最適比率でミックスするという、井上大輔（忠夫）による画期的な発明品だったと思う。

しかし、その日本的湿気だけがクローズアップされ、ブルー・コメッツはその後、ロックンロールをどこかに置き忘れたような、高湿度の歌謡曲・演歌を歌う（歌わされる）ハメになる。井上大輔へのインタビューによると、このときの屈辱感はかなり強かったようだ。そしてその屈辱感をバネにして、シャネルズ《街角トワイライト》を契機に編み出したのが、ロックンロールと日本的湿気の最適比率を取り戻した「井上大輔メロディ」だったと思うのだ。

機会があれば、先の81～84年の「井上大輔メロディ」に、ブルー・コメッツ《青い瞳》を加えたプレイリストを聴いていただきたい。私の言いたいことが分かっていただけると思う。

井上大輔は00年に自ら命を絶つ。一説には自身の思わしくない体調に加え、妻の看病疲れも原因だったとされる。そして翌年、その妻も井上の後を追う。

享年58。その短い人生の中で、指折りの華やかな時代として、ロックンロールと日本的な湿気が入り混じった「井上大輔メロディ」に世間が踊っていた80年代前半があると思う。ＧＳ時代と同じく、いや、ある意味、ＧＳ時代よりも、自身の才能が手放しに称賛された時代。

中でも特に、井上大輔と同じく改名して、井上と同じく時代の波長をしっかりつかんだラッツ＆スターと売野雅勇が「井上大輔メロディ」を盛り立てた83年――。

最期の瞬間、井上大輔の頭の中には、この《め組のひと》のメロディが流れていたのかもしれない。

## ラディカリズムとコマーシャリズムの最適比率〜THE MODS《激しい雨が》

「EPICを選んだのは要するにクラッシュとレーベルメイトになりたかったんよ(笑)。CBS(ソニー)からも話が来たけど、松田聖子とか郷ひろみのイメージしかないわけで、一方EPICは博多までスカウトに来た人が〝LONDON CALLING〟って書いたブルゾン着て来るわけよ。うわー、こんなんよく持っとるね、俺も欲しい!って思ったけど……後で考えたらただの販促グッズなんよね(笑)」

『THE MODS Beyond the 35th Year』(シンコーミュージック・エンタテイメント)という本にあった、THE MODSのボーカリスト=森山達也の発言。この言葉の中には、当時のEPICソニーの発していた匂いが詰め込まれている。

CBSソニーよりも若くて、小さくて、パンクなレコード会社。でも、それでいてちゃんと商売にも目を向けていて、販促グッズにも気が利いている――。

そんなEPICソニーが、福岡の「めんたいロック」の代表格だったバンドに手を出すとどうなるのか。その答えが、マクセルのカセットテープ「UDI」(ユーディー・ワン)のCMタイアップである。

画面の中には大樹の枝に座ったTHE MODSのメンバー4人。次に森山達也のアップ、「THE MODS」と書かれたバスドラムのアップ、白バックで演奏する4人の姿へと続く。キャッチコピーは「音が言葉より痛かった。」。

カセットテープの拡販にも効果はあっただろうが、それ以上に、福岡からやって来たパンクバンド＝THE MODSのお披露目として理想的なCMだったと思う。

80年代のタイアップ全盛時代、ロックカルチャーを体現したタイアップを量産したのがマクセルだった。

THE MODS
**激しい雨が**

作詞：森山達也
作曲：THE MODS
編曲：THE MODS
発売：1983年9月21日
売上枚数：10.5万枚

山下達郎《RIDE ON TIME》（80年）に始まり、THE MODS、村田和人《かずひと》、久保田利伸、渡辺美里などの邦楽勢に加えて、ワム！、スタイル・カウンシル、トンプソン・ツインズ、ナイル・ロジャースと来るのだから、豪勢この上ない「ハイ・ロックカルチャー感」である。

「UDI」のCMに話を戻せば、CMの中で流れた、この《激しい雨が》のメロディが実にキャッチーだったことも、THE MODSの鮮烈なお披露目に機能したと思う。この曲のサビの音列。

激しい雨が（ドド・ドド・ドド・シッ）
俺を洗う（ララ・ララ・ラッシッ）
激しい風が（ドド・ドド・ドド・シッ）
俺を運ぶ（ララ・ララ・ラッシッ）
激しいビートが（ドド・ドド・ドー・シシ）
俺に叫ぶ（ララ・ララ・ラッシッ）
（キーは【C#m】）

何とラ、シ、ドのたった3音で構成され、ラからドという短3度の狭い音域の中にすっぽり入っているのだ。

このサビのキャッチーさは異常だと思う。音を少なく・狭くすれば即キャッチーになるというわけではないだろうが、少なくとも、シンプルなほうが記憶に残りやすいのも確かだろう。

例えば、たった2音で作られたこのサビ。

Ez Do Dance（ドッド・ッレ・レ）
Ez Do Dance（レッレ・ッド・ド）
踊る君を見てる（ドッド・ーレ・レド・レレ・ード・ドー）
（trf《EZ DO DANCE》―93年―、キーは【A】）

さらにシンプルに、たった1音で押してくるメロディとしては、浅香唯《恋のロックンロール・サーカス》（89年）がある。この「ミ」（キーは【E】）の音だけで続くサビも、やはり一度聴いたら忘れられない。

C・I・R・C・U・S,
C・I・R・C・U・S,
C・I・R・C・U・S
U・U・U　I・LOVE・U

また話を戻すと、このような理想的にして鮮烈なタイアップCMで、THE MODSは世に出て、数多くの音楽家からリスペクトされる独自のポジションを築きながら、デビューから40年経った現在まで、活動を続けているのである。

ここで冒頭に登場した、「LONDON CALLING」と書かれたブルゾンを着たEPICソニーの社員のことをもう一度考えたい。伝説のパンクバンド＝クラッシュを愛するというラディカリズムと、クラッシュのブルゾンが販促グッズだったというコマーシャリズム。

そして、THE MODSのブレイクのきっかけとなったマクセルのCMのことも考える。4人が激しいサウンドを演奏する映像のラディカリズム、しかしその映像がカセットテープの宣伝となっているというコマーシャリズム、さらには、曲のサビが異常にキャッチーだという強烈なコマーシャリズム――。

つまり、80年代に栄華を極めたEPICソニーの強みというのは、ラディカリズムとコマーシャリズムの見事なバランスだったのではないか。ラディカリズムの比率が高まるとインディーズになってしまう。しかし、コマーシャリズムが出過ぎると、コロムビアやビクターのような老舗レコード会社のようになってしまう。

70年代に、そのバランスの取り方で一世を風靡《ふうび》したはずのCBSソニーも、福岡のロック少年＝森山達也にとっては「松田聖子とか郷ひろみのイメージしかない」と見えてしまっていた

（余談だが、松田聖子も郷ひろみも福岡出身なのが面白い）。そんな状況に現れた新勢力こそが、EPICソニーだったのだ。

83年秋の音楽シーン。ロックンロールと商業ポップスの間に、新しいマーケットが生まれ始めている。ラディカリズムとコマーシャリズムが最適比率でブレンドされたそのマーケットには「EPIC」の文字が刻印されている。

## 大江千里《十人十色》に聴く自然素材のシンプルな調理法

84年、高3の秋の私。もう部活も卒業しているので、夕方には大阪市内の学校から東大阪市の自宅に帰宅。10月から神戸のサンテレビでも流れ始めたテレビ神奈川『ミュージックトマトJAPAN』を見る。そこで流れたこの曲のPV。私が大江千里と出会った瞬間。

今聴くと、これぞ「ザ・EPICサウンド」という感じがする。やたらキラキラしていて、やたらとポップ、でも歌謡曲（当時すでに古めかしい言い方となっていた）や「ニューミュージック」とは、明らかに違う聴き心地。

そして何といっても、PVの中の大江千里が異常に可愛《かわい》かった。いかにも東京のお坊ちゃんと思っていたら、同級生に「あいつ藤井寺市（大阪の地名）の出身やで」と言われて驚いた。

楽曲としてのポイントは、その親しみやすさにある。細かくコードチェンジをするものの、骨格は実にシンプル。特に歌い出しのメロディが完全な五音音階でできている点に注目したい。

五音音階とは「ペンタトニック」とも言われるもので、先の一風堂《すみれ September Love》のところでも書いたように、「ド・レ・ミ・ソ・ラ」の五音だけでメロディが作られているということ。世界各国の民謡でも多用されているもので、使われる音が少ない分、親しみやすさ、馴染《なじ》みやすさが発生する。最近でも演歌の多くは、この音階で作られている。

♪ラッシュの波に押されて（ウウ）　少し遅れた夜には（ウウ）
＝ソッソ・ソラドレ・ミミレミ・ミソ　ソッソ・ソラドレ・ミミレミ・ミソ
♪改札口でおどけたように　大きく君に手を振るよ
＝ミミミ・ミレドレ・ミミミ・ミレドレ　ミミミ・ミミミミ・ミレ・ドラソ

　という感じで、序盤には「ファ」と「シ」が全く出てこない。中盤からはそれらも入ってくるのだが、それでも、親しみやすく人懐っこいテイストが全体を支配し続ける。最近で言えば、星野源の大ヒット曲《恋》（16年）も五音音階を活かした作りになっていて、《十人十色》と相似形のように聴こえる。

　余談だが、大江千里と星野源には共通項が実に多い。キュートなイメージ、シンガーソ

大江千里
**十人十色**

作詞：大江千里
作曲：大江千里
編曲：清水信之
発売：1984年11月1日
売上枚数：4.9万枚

ングライター、とりわけ作曲家としての特異な才能、やや湿った声質、俳優兼業。加えて、五音音階の使い方でもつながっているのだ。
《十人十色》に話を戻すと、その後の大江千里作品の特徴である技巧的な転調（ex.《格好悪いふられ方》―91年―の【Fm】→【F】→【A♭】というキー変化）もなく、全編Aのキーで統一されているし、大江千里を含むEPICソニー系シンガーが多用した、16分音符で言葉を詰める佐野元春的発音（ex.《格好悪いふられ方》のサビ「♪幸せかい『傷』ついてるかい」の『　』内）も使われていない。

だから僕には作品を作るということを譜面で捉えるとか、表記上音符で表しながら作って行くとかいうやり方が、信じられなかった。今もそれを疑う気持ちがどこかにある。
（大江千里『9番目の音を探して―47歳からのニューヨークジャズ留学』KADOKAWA）

15年に発売された大江千里の著書からの抜粋。この言葉の通り、譜面や理屈から考えず、自身の身体の中から自然に湧き出てきた素材をシンプルに調理して作ったのが《十人十色》だったのではないか。その結果、五音音階活用、転調なし、自然な符割りにつながったと考えるのだ。

しかし大江千里は、先に述べた技巧的作品や俳優業（TBSドラマ『十年愛』の顔中包帯＋メガネ姿が忘れられない）を経由しながら、著書タイトルにもあるように、47歳で「ニューヨークジャズ留学」を決意、先生に「あなたがジャズピアニストになるには、ポップスで築いてきたその体に流れてる血を総入れ替えしなければならない」（同書）とまで言われながら、高度な音楽理論を学んでいく。その結果。

それが今は理論を学び、無意識にやっていたことを整理しながら、オフィス仕事をやるように（筆者註：曲を）作れるようになってきた。（同書）

という認識に至るのである。「オフィス仕事をやるように」とは奇妙な表現だが、何となく分かる。身体から自然に湧き出てくるものを活かすというよりも、ある方程式にのっとって、音とコードを、システマティックに譜面の上に組み立てて、曲を作っていくという感覚のことだろう。

それはそれで、とても高等なテクニックには違いないと思うが、単純に思うのは、一時期「男ユーミン」（言うまでもなくこの表現は賛辞だと思う。それも最大級の）とまで言われた大江千里が、「ポップスで築いてきたその体に流れてる血を総入れ替え」する必要が、果たしてあるのか、そんなのもったいないじゃないか、ということである。

東大阪市生まれの私は、藤井寺市生まれの大江千里と同じく大阪・河内《かわち》地方の出身となる。「河内」とはそう、ミス花子《河内のオッサンの唄》（76年）に歌われた、あのえげつないイメージの河内だ。そして今2人ともまさに「河内のオッサン」になっている。

そういう私は、「大江のオッサンの唄」を聴きたいと思うのだ。河内に生まれ、河内から東京、ニューヨークへと視野を広げたオッサンの、内面から湧き出てくる生の歌に耳を澄ませてみたいと思うのだ。

「ポップスで築いてきたその体に流れてる血を総入れ替えしなければならない」と言われたとき、大江千里には言い返してほしかった――「先生、河内の血ぃ入れ替えたら、河内のオッサンや無《の》うなってしまいまっせ」。

## 大沢誉志幸《そして僕は途方に暮れる》を生み出した見事なチームプレイ

ＥＰＩＣソニー史上屈指の名曲。この曲の制作になど、これっぽっちも絡んでいない私だが、それでもこの曲を紹介するときは、いつもとても誇らしい。84年——18歳という感受性豊かな時期に、この曲と出会えて良かったと心から思う。

誰もが知るこの曲の成功は、大沢誉志幸1人ではなく、大沢を取り巻いた「チーム」の勝利だと思っている。

とは言え、まずはチームリーダーの大沢誉志幸だ。沢田研二《おまえにチェックイン》（82年）、中森明菜《½の神話》（83年）、山下久美子《こっちをお向きよソフィア》（83年）などを成功させ、作曲家として「デビュー前に１００万枚売った男」と言われた大沢が、個性的なメロディを書いている。

個性の源は音の跳躍。冒頭「♪みなれないふくをきた」の「み」から「き」まで、オクターブを駆け上がる。またサビの「♪ひとつのこらず」も「♪ドミソソラララ」という「ド↓ラ」＝6度の上昇フレーズ（同時期に大沢誉志幸が吉川晃司《きっかわこうじ》に提供した《ラ・ヴィアンローズ》—84年—のサビ「♪ラ・ヴィアンローズ」＝「♪ドミソラー」に似ている）。続く「♪かなしませないものを」の「な↓し」もオクターブ跳躍。

そんな忙《いそが》しいメロディを淡々と歌い切る大沢誉志幸のハスキー・ボーカルは、一度聴いたら忘れられない。ハスキーを「湿り気」だと捉えると、大沢のボーカルは、例えば八代亜紀や森進一らと並ぶ「湿度100%」級。この曲でブレイクする前の大沢が、同じく「湿度100%」の声を持つビートたけしに、曲を多く提供していたのは面白い。

チームリーダーに続くのは、作詞を手がけた銀色夏生《なつを》。その独特の言葉のセンスは当時、新時代的だと思ったし、「そして僕は途方に暮れる」という文字列は、今見てもとても洗練されている。

この曲を収録したアルバム『CONFUSION』（84年）に入っている銀色夏生作詞作品のタイトル。そのキレッキレに研ぎ澄まされた言葉のセンスは、触ったら指が傷付きそうだ。

《そして僕は、途方に暮れる》（アルバムではタイトルに読点「、」が入っている）
《雨のタップダンス》
《FREE WAY まで泣くのはやめろ》
《その気×××（mistake）》
《Living Inside》
《彼女の向こう側》

《ダーリン小指を立てないで》
《BROKEN HEART》

続いて編曲の大村雅朗。すでに松田聖子作品で、編曲家としての「第1期黄金時代」を築いた大村雅朗が、そのピークと言える「第2期黄金時代」に向かう号砲となった曲である。デジタルとアナログが有機的に融合したその音は、実験的でありながら大衆的、クールだけれどもセンチメンタルという、実に独創性の高いもの。

大沢誉志幸
**そして僕は途方に暮れる**

作詞：銀色夏生
作曲：大沢誉志幸
編曲：大村雅朗
発売：1984年9月21日
売上枚数：28.2万枚

また、【C】→【G】→【Am7】→【G】→【F】→【G】→【C】という通俗的な「カノン進行」を用いながら、それが全く平凡に聴こえないのは、その上に「♪ッレ・レッ・レレ・レミ」という音列がループしているからだと思う。

この「レ」は「9th（ナインス）」の音で、この音に触発されたのが小室哲哉。TM NETWORK《Self Control（方舟《はこぶね》に曳《ひ》かれて）》（87年）のサビ＝「♪Self Control」の「♪レー・レー・レーミ」は、明らかに《そして僕は途方に暮れる》の影響だろう。

ちなみに大村雅朗の「第2期黄金時代」と私が勝手に名付けるのは、この曲から吉川晃司《You Gotta Chance〜ダンスで夏を抱きしめて〜》（85年）を経て、そして渡辺美里《My Revolution》（86年）に極まる時期である。後にも先にも唯一無二、この時期の大村雅朗作品は、奇跡の連続だった。

さらにチームは広がる。この曲が収録されたアルバム『CONFUSION』は、ニューヨークのあのパワー・ステーション・スタジオでの録音。キング・クリムゾンにいたトニー・レヴィン（ベース）や、ホール&オーツのプロジェクトで知られるミッキー・カリー（ドラムス）とG・E・スミス（ギター）が参加。先に述べた「デジタルとアナログの有機的な融合」のアナログ感を支えるのは、これらの名うてのミュージシャンのプレイによるものだ。

そして極めつけは、日清食品カップヌードルのタイアップである。ここまで書いたような素晴らしいチームの力を結集したところで、あのCMタイアップがなければ、ヒットには至らなかったであろう。

外国人の少女が、カメラに向かってキスするフリをするシンプルな構成の映像。コピーは「きみの、つぎにあったかい。」で、CMで流れるのは2番のサビ＝「♪もうすぐ雨のハイウェイ〜」から。

大沢誉志幸、銀色夏生、大村雅朗、トニー・レヴィン、ミッキー・カリー、G・E・スミスに加えて、日清食品を加えた精鋭による見事なチームプレイによって、ロサンゼルス五輪で騒がしかった84年、この曲が日本の音楽シーンで輝かしいメダルを獲得したのだ。

この曲のヒットが、あらゆる人の人生を変えた。

まずは大沢誉志幸本人。「デビュー前に100万枚売った男」を超えて、自身が一躍スターダムにのし上がり、「《そして僕は途方に暮れる》の人」として認知され、その呪縛にしばらくは悩むこととなる。

銀色夏生も、この曲をジャンピングボードとして、久しく地味だった現代詩界における時の人となり、書店の文庫本の棚には、彼女らしい独特なタイトルの作品が、ずらっと並べられることに。

大村雅朗はこの曲以降、「第2期黄金時代」をまっすぐ突き進む。その結果、大村によるロック歌謡の完成を追い風にした吉川晃司や、大村編曲の最高傑作《My Revolution》で鮮烈にブレイクする渡辺美里の人生をも変えてしまう。

さらには、ラッツ&スターで行くか、ソロで行くかを大沢誉志幸に相談していたという鈴木雅之が、この曲の続編と言われる大沢作曲《ガラス越しに消えた夏》を翌々年にリリースし、ソロの地盤を築く。つまり、鈴木の人生にも《そして僕は途方に暮れる》が大きく影響している（ちなみに《ガラス越しに消えた夏》にもカップヌードルのCMタイアップが付いた）。

最後に、もう1人の鈴木、かくいう私も、『1984年の歌謡曲』（イースト新書）と『イントロの法則80's─沢田研二から大滝詠一まで』、加えてテレビやラジオで、この曲を何度も取り上げ・掘り下げた。一時期は、自分のことを「《そして僕は途方に暮れる》評論家」とまで思ったほどだ。

ということは、当時、東大阪でカップヌードルのCMを見ていた私の人生にまで、この曲が影響を及ぼしたことになる──《そして僕は途方に暮れる》のチームプレイが残したものは、それほどまでに巨大なものだったのだ。

洋楽と邦楽の間の新音楽〜テリー・デサリオ《オーバーナイト・サクセス》《そして僕は途方に暮れる》との落差が大きい。この曲と同じ日に発売された歴史的名曲の《そして僕は途方に暮れる》の認知度に対して、今この歌手名・曲名を見て、メロディをしっかりと思い出せる人は、恐らくかなり少ないのではないか。

しかし驚くべきは、そんな曲が25・6万枚を売り上げているという事実である。タネを明かせば、この曲、ソニーのあのカセットテープ／ビデオテープのCMソングだったのだ。

カセットテープ版CMの舞台は、ブロードウェイのオーディション風景。舞台の上で多くの若者が踊っているバージョンと、その中の一人ひとりをフィーチュアした2つのバージョンがある。コピーは曲名そのまま「Over Night Success」。商品はノーマル・ポジションの「HF」シリーズ。具体的には「HF―ES」（「AHF」の後継）と「HF―S」（同「BHF」）。

ビデオテープ版（こちらのほうが印象深い）は、真夜中、ブティックの前に立つ少女が、ショーケースの中のダンス衣装を見ながら、バレエのようなポーズを決めるもの。商品は「HG」と「UHG」。カセットとビデオ、いずれにしても、前年の大ヒット映画『フラッシュダンス』の影響を強く受けているはず。

これらCMのシーンと「♪アン・オーバナイッ・サクセーェエス」＝「♪ミ・ミファ・ファ

ッ・ソー・ミー・レド」というメロディを重ね合わせれば、思い出せる人はかなりいるのではないか。そう、あのCM、あの曲なのである。

つまりこの曲は、《そして僕は途方に暮れる》同様、EPICソニーお得意のタイアップヒットの1つなのだが、《そして僕は途方に暮れる》と異なるのは、こちらは、単なるタイアップではなく、楽曲自体が、CMありきで作られていることだ。その結果、CMの内容と楽曲が、ものの見事にぴったりと連携している。

私は、この曲が入ったLP『オーバーナイト・サクセス』（「テリー・デサリオ　ウィズ　カルボーン&ズィトー」名義）を持っているが、そのジャケットにはCMのオーディションシーンがもろに使われているし、「EXECUTIVE PRODUCER」として「KAZUO YOSHIE」＝CM音楽制作会社「ミスターミュージック」の吉江一男氏の名前がクレジットされている。これらは、この曲がCMありきのプロジェクトだったことを明確に示している。

テリー・デサリオとは、マイアミ出身の女性シンガー。高校の同級生であった「KC&ザ・サンシャイン・バンド」の「KC」とのデュエット曲《イエス・アイム・レディ》で、80年3月にビルボード2位という大ヒットを記録した人。そういう人を日本でしか流れないCMが呼び寄せるのだから、ジャパンマネーの力がいよいよ強まってくる時代だったということだ。

さて、当時のカセットテープ市場において、ソニーのライバルはマクセル。この《オーバーナイト・サクセス》とほぼ同時期に流れていたマクセルのCMで起用されていたのが、人気上昇中のワム！である。曲は《フリーダム》（84年）で、コピーは「えっへん、ハイポジション。」、商品は「UDⅡ」（こちらはクローム・ポジション）。

ここで驚くべき噂話《うわさばなし》を紹介したい。

《フリーダム》の作詞・作曲はジョージ・マイケル名義なのだが、実はそれは真っ赤な嘘《うそ》で、本当は日本人のゴーストライターが作っていたという噂話をご存じだろうか（さらには《フリーダム》だけでなく、《バッド・ボーイズ》―83年―や《ラスト・クリスマス》―84年―も――）。

これは、マイケル・ジャクソン研究家としても名高い、ノーナ・リーヴスの西寺郷《にしでらごう》太《た》氏が『噂のメロディ・メイカー』（扶桑社）という本で提示し、検証にトライした仮説である。検証の結果については、この名著にあたっていただきたいのだが、要するに、この時期のカセットテープのCMで

テリー・デサリオ
**オーバーナイト・サクセス**

作詞：J・カルボーン、
R・ズィトー、T・デサリオ
作曲：J・カルボーン、
R・ズィトー、T・デサリオ
発売：1984年9月21日
売上枚数：25.6万枚

流れていた2曲の「洋楽」は、実は「邦楽」だった（かもしれない）ということなのだ。

　そしてさらに興味深いのは、テリー・デサリオとワム！の日本におけるレコード会社は、両者ともEPICソニーだったという事実！

「歌謡曲」と「ニューミュージック」の間に新しい音楽を作りつつあったEPICソニーが、CMというメディアを利用しながら、「洋楽」と「邦楽」の間にも新しい音楽を作り始めた。そしてテリー・デサリオやワム！の日本における成功（＝オーバーナイト・サクセス）を経ながら、「EPIC」の4文字がぐんぐん勢いを増しつつある、84年の秋である。

## 2　My Revolution～EPICソニーが起こした革命（1985―1987）

### LOOK《シャイニン・オン　君が哀しい》は奇跡と奇跡と奇跡の結晶

「ワン・ヒット・ワンダー」という言葉がある。日本語で俗に「一発屋」と呼ばれる音楽家のことなのだが、英語・日本語、いずれにしても、少々侮蔑的な意味が込められているようだ。

しかし「ワン・ヒット・ワンダー」は、本当に蔑むべき対象なのだろうか。この曲を歌ったLOOKも、EPICソニー史上指折りの「ワン・ヒット・ワンダー」になると思うが、それでも、この奇跡が重ねられた名曲を聴く限り、侮蔑どころか、EPICソニーが、ひいては日本のポップス史が、心から誇るべき「ワン・ヒット・ワンダー」だと思うのだ。

85年春、大学浪人時代に入った私が、彼らの存在を確かめたのは、例によって、サンテレビで放送されていたテレビ神奈川『ミュージックトマトJAPAN』である。やたらと派手派手しい映像のPVに乗って、やたらとしっとりとしたバラードが流れる。

映像と音のチグハグさが強烈だった。そしてこのような曲調でも、バラードのPVにありがちな、例えば、バーカウンターで泣き崩れる女性が出てくるなどの演歌的な映像に仕立てないのが、EPICソニーらしさなのだが。

しかし、この曲を私が認めるのは、やはり音そのものによってである。「ワン・ヒット・ワンダー」やら何やらという先入見を捨てて、改めて聴いてみてほしい。鈴木トオルのハイトーン&ハスキー・ボーカル、流麗なメロディ、技巧的なコード進行に圧倒されるはずだ。

「♪君の微笑《ほほえ》み So Cry」のところで、鈴木トオルの超絶ハイトーンとサックスがぴったりなピッチ（音程）のユニゾンで重なるあたりなど、何度聴いてもゾクゾクする。

そんな、この名曲の制作過程には、３つもの奇跡が詰め込まれていた。

・この曲は、ＬＯＯＫのメンバーである千沢仁《ちざわまさし》（ピアノ）が、生まれて初めて書いた曲である。
・その千沢仁はこの曲を書いたとき、コードネームを知らず、五線譜も読めなかった。
・当初、リードボーカルも千沢仁が担当することになっていたのだが、レコーディングの場で急遽《きゅうきょ》、鈴木トオルに代わった。

「こんな不思議な出来事があってていいものかと思う」というのはキャンディーズのヒット曲《夏が来た！》（76年）の歌詞だが、そう思えるくらい、この曲の制作過程は奇跡に溢れている。

そもそも、コードネームを知らずにこんな曲が書けるなんて、何というビギナーズラックだろうか。また、リードボーカルの代打・鈴木トオルによって、この曲の魅力が数倍に膨れ上がったということに、異論を挟む向きは少ないはずだ。

実は私は、この曲に続くシングルであるビリー・ジョエル風《Hello Hello》（85年）も、同じく『ミュージックトマトJAPAN』で見て気に入っていた（余談ながら《シャイニン・オン》の歌詞にもビリー・ジョエルが出てくる）。ただし《シャイニン・オン》が20・2万枚で、《Hello Hello》が3・4万枚だから、奇跡はそうそう起きるものではないのだろう。

LOOK
**シャイニン・オン　君が哀しい**

作詞：千沢仁
作曲：千沢仁
編曲：LOOK
発売：1985年4月21日
売上枚数：20.2万枚

最後に。鈴木トオルへのインタビューが掲載されている谷口由記『A面に恋をして―名曲誕生ストーリー』（リットーミュージック）に、この曲に関する、味わい深いエピソードが書かれているのでご紹介したい。多くの「ワン・ヒット・ワンダー」同様、鈴木トオルも、この曲を歌うことに気が乗らなかった時期があったという。しかし――。

でもある日、小さい会場でね、レストランでのディナー&ライヴで、各テーブルで食事が終わったあとに僕が歌うというライヴで、客席の間をぬって歩いていったらさ、僕の死んだ父親と同じくらいの年齢のお父さんがいてね。僕に「今日、〈シャイニン・オン～〉歌わなかったね」ってすごく寂しそうに言ったの。その顔がね、もう、今でも忘れられない。そのとき、自分がすっごく悪いことをしたなって。このお父さんは、その1曲を聴くために、ここに来てくれたんだと。

さらに、その「僕の死んだ父親」についての強烈なエピソードも語られている。

しかもね、ウチの父親は耳が聞こえない人だったの。そんな父親がさ、デビューして、「シャイニン・オン～」がヒットして、地元でコンサートがあってさ、耳が聞こえないのに会場に来ていたんだよね。で、終わったあとに――「シャイニン・オン～」って言えないんだけど――「シャニオンって曲はいい曲だね」って言ったことがあるの。

鈴木トオルは、そんな自身の父親と、「今日、〈シャイニン・オン～〉歌わなかったね」と寂しそうに言ったお客さんの姿がダブったのだという。

これらのエピソードを読んで私が思うのは、それを聴くためにわざわざ足を運ぶ1曲、それも、耳が不自由な人の心にも届く1曲があることが、音楽家として、何と幸福なことだろうということだ。

音楽家は2つに分けられる。そんな輝き続ける（＝シャイニン・オン）1曲を持つ音楽家と、持たない音楽家だ。

「ワン・ヒット・ワンダー」――そう考えると、この言葉を蔑む理由など、どこにもない。「ワンダー（wonder）」という言葉には「奇跡」という意味がある。輝き続ける1曲に巡り合えた鈴木トオルは幸福な音楽家だと思う。そして鈴木がさらに幸福なのは、その1曲が、先に書いた、制作過程における3つもの奇跡によってできていたということだ。

## EPICソニー黄金時代のアンセム、渡辺美里《My Revolution》

本書の第一章を俯瞰《ふかん》するならば、EPICソニー初の邦楽ヒット＝ばんばひろふみ《SACHIKO》が「ホップ」、EPICソニーの方向性を決定づけた佐野元春《SOMEDAY》が「ステップ」、そしてこの曲をもって「ジャンプ」となるだろう。

つまりこの曲は「EPICソニー黄金時代」の到来を意味する。「黄金時代」とは、EPICソニーが音楽マーケットのど真ん中に駒を進めたということでもある。

その分、この曲には、佐野元春ほどのラディカリズムはない。また大沢誉志幸ほどスタイリッシュではない。でもその分、佐野元春や大沢誉志幸の作品にはない、音楽マーケットのど真ん中に分け入った楽曲だけが持ち得る、あるキラキラとした輝きのようなものがある。

ここで言う「音楽マーケットのど真ん中」を構造的に語れば、歌謡曲とニューミュージックとロックのど真ん中ということになる。それぞれから等距離で、かつそれぞれの要素をうまくすくい取った音楽。

70年代までは、そんな音楽などなかった。しかし、佐野元春や大沢誉志幸、さらには大江千里やラッツ&スターなど、EPICソニーの音楽家たちによる不断のチャレンジによって、その場所に黄金郷が作り上げられた。この曲が放つキラキラとした輝きとは、つまりはその黄金郷の輝きである。

黄金郷は、ＥＰＩＣソニーの黄金時代を生み出し、そして90年代になって「Ｊポップ」と名付けられることになるのだが。

という、重要な意味を持つ楽曲＝渡辺美里《My Revolution》について、私はさまざまな本で語り尽くしてきた。『イントロの法則80's―沢田研二から大滝詠一まで』では「80年代最強イントロ」「大村（雅朗）編曲イントロの最高傑作」と評し、『80年代音楽解体新書』では、コード進行の妙味に言及した。

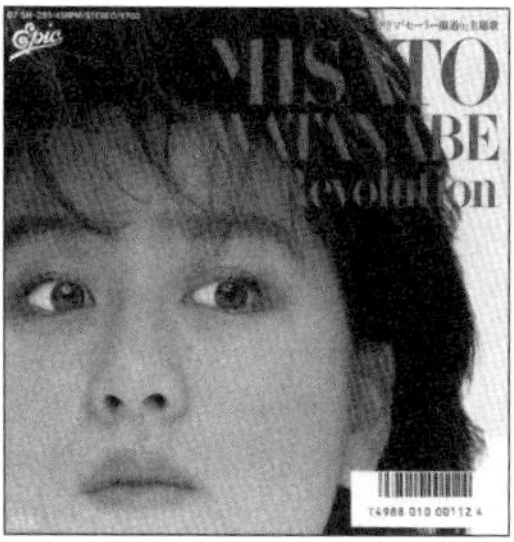

渡辺美里
**My Revolution**

作詞：川村真澄
作曲：小室哲哉
編曲：大村雅朗
発売：1986年1月22日
売上枚数：44.5万枚

今回は、さらに具体的な分析として、歌い出しのたった４小節を抽出して、その中に込められた、この曲の新しさを検証してみたいと思う。

まずは歌い出しの音形である（84ページ図2）。「♪さよなら Sweet Pain　頬づえついていた夜は　昨日で」が冒頭４小節の歌詞となるが、実にゆったりとした前の２小節と、

**図2**

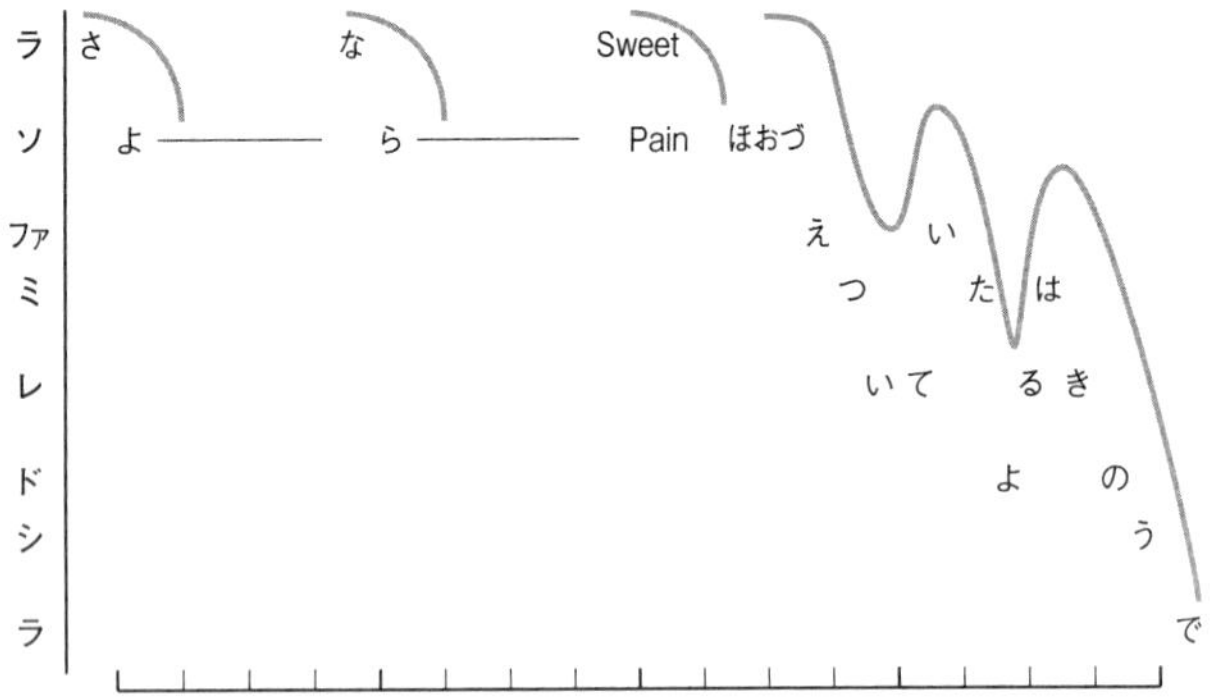


実にせわしない後ろの2小節の対比はどうだろう。

後に述べる音使いやコード進行もさることながら、この曲を初めて聴いたときに驚いたのは、この音形だった。まさに新感覚。今までの日本の、いや世界の音楽になかったであろう、斬新で機械的なフレーズ。

作曲は、この曲が実質的なブレイクとなる小室哲哉。90年代に栄華を極める、斬新で機械的な小室哲哉サウンドの萌芽《ほうが》が、すでにここで見て取れるのだ。

次に、細かくなるのだが、「♪（さ）よ（ならSweet Pain）」の「よ」の音を注意深く聴いてほしい。何だか宙に浮いたような、妙な浮遊感があることに気付かれる方もいるかと思う（図3）。

この音は、専門用語で言う「9th（ナインス）」の音なのである。この「9th」には、大沢誉志幸《そして僕は途方に暮れる》のイントロから流れ続ける

図3

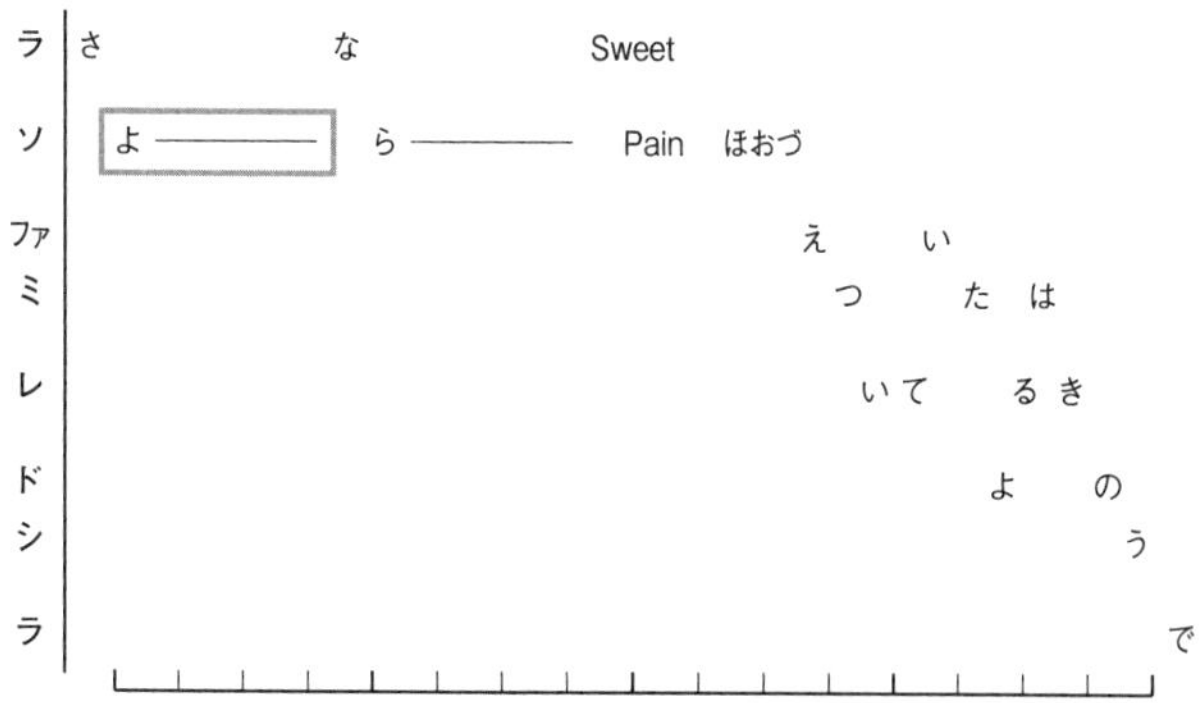


「♪レレ・レレレミ」というリフの影響がある。この「レ」の音が「9th」で、この曲も《そして僕は途方に暮れる》も、編曲は大村雅朗。

小室：大沢（誉志幸）さんの「そして僕は途方に暮れる」は、大村さんの最高傑作かなと思ってるんですけど、絶妙な組み合わせだなぁと思っていて。「これぞアレンジ」というか、曲を生かすアレンジはすごいなと。

――「そして僕は途方に暮れる」リフは小室さんの中ではadd9thですか、それともトニック＋1度？

小室：add9thですね。これで何曲書けたか数えられないくらいです。実は僕はsus4でデビューできたというか、sus4でメジャーレーベ

**図4**

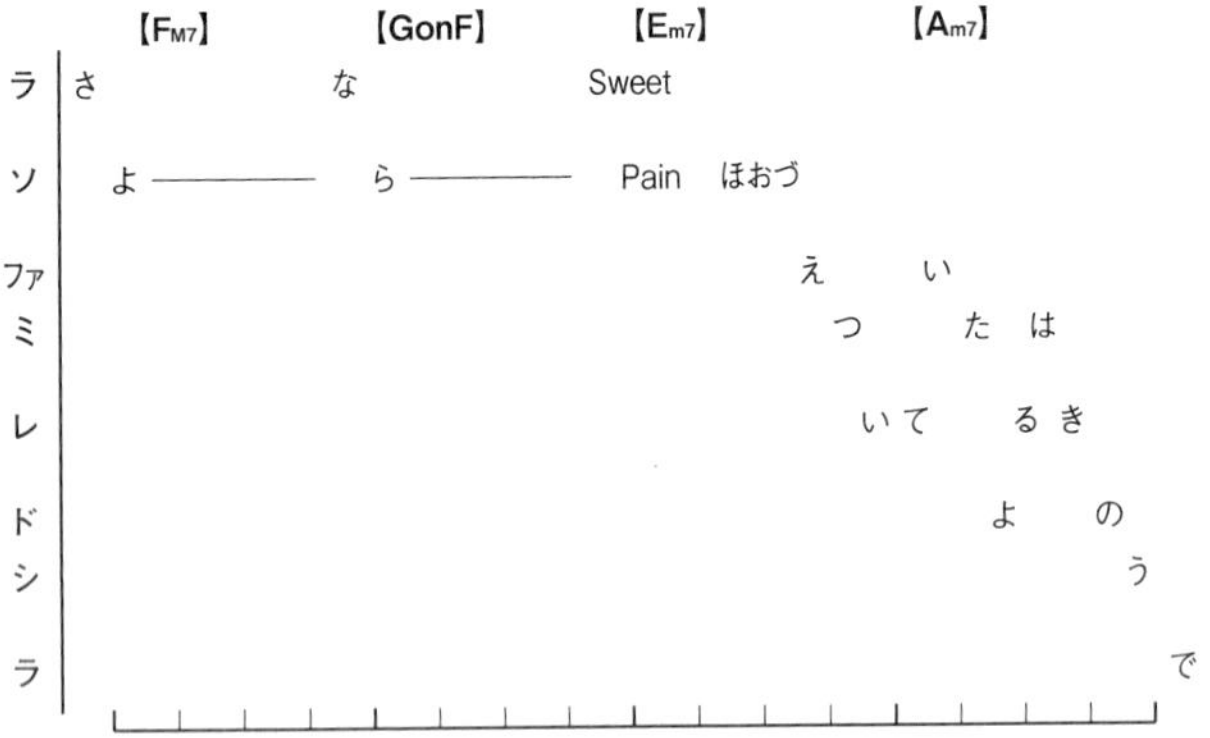


ルに行けたと思っているくらいなんですが、それだけじゃだめだってことで6thや9thもメロディやリフに入れていこうっていう時にadd9thに出会って。

梶田昌史・田渕浩久『作編曲家　大村雅朗の軌跡　1951―1997』（DU BOOKS）にある、小室哲哉へのインタビューより。小難しい音楽理論の話はさておき、小室哲哉が、《そして僕は途方に暮れる》や大村雅朗、「9th」の音に強い影響を受けていることが、よく分かるくだりである（ちなみに「sus4」は「♪わかり始めたMy Revolution」で転調する前に鳴り響くコード）。

そして最後に、この4小節のコード進行について。図4にある進行は、私が「後ろ髪コード進行」と名付けるものである。クセがあり、そのため普通はサビだけに用いられるコード進行を、臆面もなく、歌い出しから何度も繰り返すところに、小室哲哉の新しい感性が体現されている（キー【B】を【C】に移調）。

以上、このたった4小節、されど4小節。4小節計16拍の中に、新しい試みが、「これでもか！　これでもか！」と詰め込まれている。ただ、それが積もって珍奇な響きになるのではなく、歌謡曲とニューミュージックとロックのど真ん中で、キラキラと光り輝き出すのだから面白い。

渡辺美里が、大村雅朗が、小室哲哉が、音楽シーンのど真ん中に繰り出したのは、86年1月のこと。さぁ、ＥＰＩＣソニーの黄金時代がやってきた！

## 鈴木雅之《ガラス越しに消えた夏》に刻まれた神アレンジ

さまざまな意味で、傑作・大沢誉志幸《そして僕は途方に暮れる》と兄弟関係にある曲だ。まず両方とも作曲が大沢誉志幸で、また両方とも日清食品カップヌードルのＣＭソング。

さらに、大沢誉志幸自身がインタビューでこう述べている――「あの曲は『途方』で別れた男女の〝その後〟を描いた曲です。言い換えれば『途方』がなければ、この曲も生まれなかったということになります」（クレタパブリッシング『昭和40年男』２０１６年６月号）。

つまりこの曲は、《そして僕は途方に暮れる》の一種のアンサーソングなのである。

また、鈴木雅之のソロとしてのファーストシングルでもある。シャネルズ→ラッツ＆スターのリーダーとして人気を得た鈴木だったが、ソロ活動にあたっては、いろいろと思い悩むところもあったようだ。

先の『昭和40年男』誌のインタビューで、大沢誉志幸はこうも語っている――「当時彼はまだラッツ＆スターをやっていて、続けるかソロになるか悩んでいました。寿司を食べながら、お互いの未来について話をしたのをよく覚えていますね」。

売上枚数は14・7万枚で、ファーストシングルとしては一応の成功と言えるだろう。《もう涙はいらない》（92年）の56・0万枚や、《恋人》（93年）の43・4万枚など、鈴木雅之のソロ成功への扉が、この曲で開かれることとなった。

鈴木雅之の濃厚なボーカル、大沢誉志幸のツボを突くメロディ、カップヌードルのCMタイアップ、《そして僕は途方に暮れる》との関連性——と、成功に向けては、いろいろな要素が貢献したと思うが、私の考えるこの曲最大のポイントは、アレンジだ。

アレンジを手がけたのはホッピー神山。日本ロック史で、最も過小評価されているバンドの1つで、「日本のポリス」のような存在だったPINKに、爆風銃（バップガン）から近田《ちかだ》春夫&ビブラトーンズを経て加入したキーボーディスト。

鈴木雅之
**ガラス越しに消えた夏**

作詞：松本一起
作曲：大沢誉志幸
編曲：ホッピー神山
発売：1986年2月26日
売上枚数：14.7万枚

ここでのホッピー神山のアレンジは、稚拙かつ雑な表現で申し訳ないが、「神がかっている」と言える。ちょっと、後にも先にも聴いたような感じのしない、唯一無二のアレンジ。

私の勝手なイメージで言えば、白い靄《もや》がかかっている感じ。そして、その靄の先に、80年代の「あの夏」の海岸線が見える（私のイメージだと、国道134号、材木座海岸のほうにトンネルを出て曲がるところの光景）。

唯一無二なのだが、この特異なアレンジの源をあえて探れば、2曲ほどが浮かんでくる。

1つは、稲垣潤一《夏のクラクション》（83年）。作曲は筒美京平、アレンジは井上鑑《あきら》。靄のかかったような音像が似ていて、また両方とも「あの夏」を描いている。その上、歌詞に「カーブ」が出てくることも共通。この曲と並ぶ「日本2大『あの夏のカーブ』楽曲」と言えるだろう。

もう1つは、松田聖子《SWEET MEMORIES》。こちらも83年リリースで、作曲・編曲とも大村雅朗。ホッピー神山は、「兄」にあたる《そして僕は途方に暮れる》から、大村雅朗をたどって《SWEET MEMORIES》に行き着いたのかもしれない。白い靄の中でカンカンカン……と薄く響くパーカッションが似ている。

しかし、《夏のクラクション》や《SWEET MEMORIES》の後継というよりは、その影響が見えないくらいに破壊かつ再構成した結果、この《ガラス越しに消えた夏》は、唯一無二のアレンジに行き着いていると言えよう。

シンセサイザーの発展なくしては、ありえなかったアレンジだ。ただし、レトリックを込めて言えば、シンセの発展があったとしても、そう簡単にはありえなかったアレンジでもある。シンセを使いながらも、ツルツルの無機物のような音にならず、湿った白い靄という、やわらかな有機物が音像全体を覆っている。

神アレンジのおかげで、《ガラス越しに消えた夏》は決して消えることなく、日本の音楽シーンに確実に刻まれた。令和の世になっても、この曲をかけながらカーブを切ると、そこに見えるのは、白い靄に包まれたあの頃の夏だ。

## BARBEE BOYS《なんだったんだ?7DAYS》の新感覚ギターの凄み

先の「EPICソニー黄金時代のアンセム、渡辺美里《My Revolution》」で書いた「黄金時代」とは、つまり、新感覚の音楽が、EPICソニーというレーベルから多数輩出された時代のことを指す。具体的には80年代後半のこと。

そんな中でも、このBARBEE BOYSの新しさは屈指のものだと思う。新しすぎて、このバンドを当時、どう位置づけていいものか分からなかった。そのせいか、この曲の段階では、それほど売れてはいない。オリコン最高位50位、0・9万枚。

まずは名前。「BARBEE BOYS~バービーボーイズ」。この「B」(バ行)のしつこさと語呂の良さ。そして「BOYS」という名前に反して、ツインボーカルの片方は女性だ。それも、スカートをひらひらさせて、めっぽう艶《なま》めかしい。

もう1人のボーカルは男性。超絶高音ボーカルで歌いあげる彼は、ソプラノサックスを持っていて、こちらも高音で吹きまくる。

曲名も珍奇だ。《なんだったんだ?7DAYS》。しかしこちらも不思議と語呂が良く、思わず口にしたくなる。「な『ん』だ『っ』た『ん』だ?せぶ『ん』でいず」と「ん」と「っ」を多用してリズム感を発生させている。また「なんだったんだ?」という会話調も当時(今でも)、非常に新しかった。

などなど、パッと見ただけでも、新しい記号が詰まっていて、こういうバンドを面白がって世に出し、それが一定の支持を得ていくというあたりが、「EPICソニー黄金時代」の真骨頂なのだが。

しかし、彼らの新しさ、その本質は音にあると思う。今回この《なんだったんだ？7DAYS》を、改めて何度も聴いてみて、地味ながら驚くべきことを発見した。

楽器編成が異常にシンプルなのだ。ドラムスとベースとギターのみ。もっと言えばキーボードが入っていない（細かく言えば、間奏後にピアノらしき音が少しだけ入っているが）。

さらにそのギターの音が、何というかペラッペラなのだ。

BARBEE BOYS
**なんだったんだ?7DAYS**

作詞：いまみちともたか
作曲：いまみちともたか
編曲：BARBEE BOYS
発売：1986年10月1日
売上枚数：0.9万枚

80年代中盤は「ギター不遇の時代」だったと思う。キーボードの時代、具体的には「ヤマハDX7の時代」で、ギターがダサく見えていた頃である。より俯瞰して80年代全体を見れば、それはバリバリとゆがむ「ディストーション・ギターの時代」だった。

何が言いたいかというと、86年あたりにペラッペラのギターを弾くということは、かなり勇気が必要だったということだ。

ただ、この《なんだったんだ？7DAYS》において、真に驚くべきは、そのペラッペラのギターがやたらと冴《さ》えていることである。単音弾き、アルペジオ、アンサンブル（数本ダビングされている）を駆使して、何とも垢抜けた爽快な音を作り上げている。

ギタリストの名前は、いまみちともたか。今回、彼の音楽的源流を探るべく、89年発売『ROCKIN'ON JAPAN FILE VOL.2』（ロッキング・オン）における彼への「2万字インタビュー」を読んでみた。分かったことは、まず彼がかなりのビートルズ・フリークということ。加えて、こういう興味深い発言があった。

「いや。えーとね、はっきり言って自分から絶対聴かなかったのはレッド・ツェッペリン。（中略）俺は怒り狂って絶対聴くもんかと思ったの」

「みんなパープルのコピーだ、ウィッシュボーン・アッシュだとか言ってる時に、ビートルズがいいなあ、とかね（笑）」

日本のギタリストとしては、かなり珍しい発言だと思う。日本のギター少年の大多数がこよなく愛していた、ディストーション・ギター前面のハードロックを敵視し、ギター単体で見れば、ハードロックよりも格下と思われていたビートルズをこよなく愛したギタリスト。

いまみちともたかという音楽家が持っていた、新感覚の根源をこの発言に見る。ディストーションを使わない（ビートルズ時代のような）ペラッペラの音で弾くということは、フレージングやボイシング、アンサンブルに、相当な工夫が必要となる。それをやり遂げることで、個性的で新しいバンドサウンドを、この日本に確立してやるぞ――。

80年代中盤の「ヤマハDX7の時代」に、ギター界に革命を起こしたギタリストを2人挙げるとすれば、布袋寅泰《ほていともやす》といまみちともたかだろう。布袋寅泰が、その派手派手しい音や存在感でアマチュアギタリストの憧れとなり、後のバンドブームの導火線となったのに対して、いまみちともたかは、先のような込み入ったギター観のせいか、布袋ほどには語られていない感じがする。

余計なお世話だと思いつつ、こう言いたい――「いまみちともたかのギターはもっと語られ、もっと評価されるべきだ」と。

BARBEE BOYSは19年12月18日に29年ぶりの新作アルバム『PlanBee』をリリース。また翌20年の1月13日には国立代々木競技場第一体育館で、約10年ぶりとなるワンマンライブ「突然こんなところは嫌いかい?」を開催。ライブタイトルはまた、会話調だった。

## 渡辺満里奈《深呼吸して》～そのアイドルはサブカルに向かう

ここで唐突に、おニャン子クラブのシングルが出てくる。

渡辺「美里」に代表される「アイドル歌謡曲とニューミュージックとロックの中間市場」を創造し・君臨したEPICソニーの歴史の中で、純然たるアイドル音楽は完全に外様《とざま》である。

個人的に印象にあるのは、この渡辺満里奈に加えて、東京パフォーマンスドール（含む篠原涼子）くらいか。また、音としても、「EPIC情緒」の薄い、完全なアイドルポップスである。

おニャン子クラブの音楽的功績というのが確かにあって、それは、松田聖子が結婚、中森明菜は大人の世界に移行、82年組アイドルも一巡した80年代中盤に、アメリカンポップス・ベースのシンプルな音楽の魅力を復権させたことである。

その代表が《冬のオペラグラス》（新田恵利）、《じゃあね》（おニャン子クラブ）、《風のInvitation》（福永恵規《さとみ》）という、86年の前半に発売された3枚のシングルである。ただこの音楽的クオリティも長くは続かず、一種粗製乱造にも近い形となって、人気も低迷。翌87年の9月に早々と解散する。

おニャン子ブームが下り坂に向かっていた86年の秋に発売されたこの曲も、強い印象を残すものではなかった。音楽的にも《冬のオペラグラス》のような破天荒なパワーに欠けると思ったし、歌っている渡辺満里奈が、どことなく居心地悪そうにしていたことも、個人的にはマイナス印象だった。

やたらと瑣末《さまつ》なことを書く。おニャン子クラブ解散と相前後して終了したフジテレビ『夕やけニャンニャン』の後番組『桃色学園都市宣言!!』の水曜日版「抜弁天女学館」の主演級で渡辺満里奈が起用された。その番組は女子高の新体操部の設定で、出演者は全員レオタードを着ていたのだが、渡辺満里奈だけは、かたくなにジャージを着用し続けたのだ。

「もしかしたらアイドル志向、芸能界志向の弱い人なのかも」と、そのとき私は勝手に想像したのだが、ではそれらが「弱い」分、どんな志向に「強い」人だったのかが、数年後に判明することになる。

90年のシングル《大好きなシャツ(1990旅行作戦)》の作詞・作曲はDOUBLE K.O. CORPORATION(フリッパーズ・ギターのペンネーム)。92年の《BIRTHDAY BOY》の作詞・作曲は小沢健二。そして、95年のシングル《うれしい予感》の作曲と、同曲を含む96年のアルバム『Ring-a-Bell』のプロデュースは、何と大瀧詠一。

つまり渡辺満里奈はサブカルチャー志向だったのである。フリッパーズ・ギター/小沢健二との出会いは、私の手元にある雑誌『明星』(集英社)の90年4月号。この号で渡辺満里奈は、初対面のフリッパーズ・ギターと対談しているのだ。こんな感じで。

雑誌の記事で彼らのことを知って、デビューCDの『THREE CHEERS FOR OUR SIDE』を買ってみたら、大当りーだったの。言葉じゃ言いにくいけど、大好きな音の世界があって、もう合う《ママ》人ごとに「いいよ、いいよ」って言いまくって…。で、実現したんです。これが。話すのはじめてだから、緊張しちゃうなぁ…。

この対談の中には、当時渋谷クアトロで行われたフェアーグラウンド・アトラクションのコンサートでフリッパーズ・ギターの2人が渡辺満里奈を見かけたと言っていたり、渡辺満里奈がジャック・タチ監督の『ぼくの伯父さんの休暇』を観《み》たと話していたりと、サブカルチャー（それも当時のおしゃれ系）満点の展開となっている。

　こういう渡辺満里奈のサブカルチャー志向を痛烈に批判したのが、故・ナンシー関だった。著作『何だかんだと』（世界文化社）に収

渡辺満里奈
**深呼吸して**

作詞：秋元康
作曲：山本はるきち
編曲：新川博
発売：1986年10月8日
売上枚数：17.1万枚

録された、00年のコラム「渡辺満里奈『台湾通宣言』はミッキー安川への第一歩となるか」では、その頃「台湾通」をアピールしていた渡辺満里奈に対して、こう斬り込んでいる。

久々ともいえる「満里奈の所信表明」だ。さあ、今度は台湾でいくわよ、ということなのである。かつては「小沢健二」や「フランス映画（単館上映系）」などで「いくわよ」の姿勢を見せていたわけであるが。さて、一体どこに「いくわよ」なのか。どこなのかははっきりとわからないが「小沢健二」「フランス映画」「台湾」が同一の目的地へ向かっていることは確かだ。

と、かなり手厳しい。90年代以降展開された、ナンシー関による一連の「渡辺満里奈批判」によって、当時の私も評価を手厳しい方向に変えたし、ここでの文章も、そのときの「渡辺満里奈評」を引きずっている。私にとって、ナンシー関はそういう人なのだからしょうがない。

渡辺満里奈には、相手が悪かったとしか言いようがない。

渡辺満里奈と同様に、アイドル出自でサブカルチャー方面との連携を強めた先輩に小泉今日子がいる。ただしキョンキョンは、好き勝手やっているうちに、サブカル人脈が吸引されていった（ように見えた）のに対して、渡辺満里奈は、それそのものが目的化している印象を受けた。

おニャン子後期の主要メンバーである渡辺満里奈と工藤静香には、先に書いたような「おニャン子にいることの居心地の悪さ」を感じたものだ。『夕やけニャンニャン』で楽しく歌い踊りながらも、目は決して笑っていないという感じ。その目線は、おニャン子ブームの終焉《しゅうえん》をクールに見据え、次なる展開を模索する眼差しでもあった。

## 小比類巻かほる《Hold On Me》に見るEPICソニーの二次元戦略

「こひるいまき――変わった名前やなぁ」

恐らく多くの人と同じく、私もまずは名字のインパクトに驚いた。「国生さゆり」の「こくしょう」、「網浜直子」の「あみはま」にも驚いたが、「小比類巻」の漢字4文字とその読み「こひるいまき」のインパクトは絶大だった。

その「こひるいまき」なるシンガーは、ニックネームが「KOHHY」（コヒー or コッヒー）で、青森の三沢基地の近くに生まれ、三沢基地のFEN（米軍向けラジオ、現「AFN Misawa」）を聴いて育ったと、繰り返し伝えられた。

青森出身という事実をベースにしつつも「青森→津軽→吉幾三→演歌」ではなく「青森→三沢→FEN→洋楽」という文脈を強調するイメージ戦略もあったのだろう。

手元にあるのは、88年に発売された大判の写真集『KOHHY'S STORY』（角川書店）。ニューヨークで撮影された小比類巻かほるの、いかにも「かっこいい」「男前」な写真に挟まって、三沢時代を中心とした彼女のバイオグラフィが語られる。

例えば、三沢の「LIQUEUR《リキュール》」という「ジャズ喫茶」で、クインシー・ジョーンズのライブビデオを見ながら、少女時代の小比類巻かほるは、こんな夢想をする。

愛のコリーダ。ああ、こんな風になれたらなぁ。パティ（筆者註：オースティン）はいいな。私が黒人だったら……そしたら、アメリカに行って…、ストリート・ミュージシャンでもいいな。

ニューヨークでの「男前」な写真に、この語り口である。この段階で「吉幾三成分」はみじんもなく、「KOHHY」ワールドが広がっていくのである。

小比類巻かほる
**Hold On Me**

作詞：麻生圭子
作曲：大内義昭
編曲：土屋昌巳
発売：1987年2月26日
売上枚数：12.9万枚

　しかし当時の若者、特に男子は見逃さないのだ。「男前ヴェール」に包まれた「KOHHY」の写真をよく見たら、実はめっちゃええ女＝「かほる」だったということを。

　言いたいことはまた、渡辺美里《My Revolution》の項で書いた「歌謡曲とニューミュージックとロックのど真ん中」市場の話である。ここではもう少しシンプルに「アイドルとロックの中間市場」と言い換えてもいいだろう。

三沢基地のFENを聴いて、クインシー・ジョーンズのビデオを見て、アメリカに行くことを夢見ていた「KOHHY」、というロック性。でも、ふわっとした髪型にクリクリの瞳、すらりとしたスタイルの「かほる」というアイドル性。その融合。

もちろん、EPICソニー以外にも、渡辺美里以前にも、「アイドルとロックの中間市場」を狙った女性シンガーはいたと思う。例えばフォーライフ（レコード）の杏里はまさにそうだった。しかし、偶発的ではなく、あくまで戦略的に、あくまで意図的にその市場を想定し、築き上げたのは、EPICソニーが初めてではなかったか。

そう考えると、小比類巻かほるの存在は、渡辺美里からの流れに、ぴったりと位置づけられる。さらには、アイドル性に対するロック性を高めながら、90年代的大衆性をドーンとトッピングしたところに咲いた大輪の花が、ドリームズ・カム・トゥルーの吉田美和ということになるのだが。

前段が長くなった。そのような「KOHHY」の売り出し方に、今回の曲《Hold On Me》は、見事に応えている。英語のタイトルやメジャーセブンス、高いキーのボーカルはロック的。でも憶えやすいメロディや、「♪今のままの　あなたでいて」と懇願する歌詞はアイドル的。

特に工夫を感じるのはメロディだ。「♪メロディ　カタチのない　贈りもの」の「♪贈（おく)」で音程がすっと上がるところは実にキャッチー。まさに「和製洋楽」という感じがする。作曲は、後に藤谷美和子とのデュエット《愛が生まれた日》(94年)で大ヒットを放つ大内義昭。

先の『KOHHY'S STORY』に戻ると、歌手としてデビューが決まり、EPICソニー主催のコンベンションで、シェリル・リンのカバーを歌った小比類巻かほるが、その後、同じくEPICソニー所属の佐野元春や大沢誉志幸、BARBEE BOYS、ストリート・スライダーズなどの面々と音楽論議を交わして、感動するシーンが描かれている。

このシーンを想像して、私は「あっ」と思ったのだ——「めっちゃええ男・ええ女ばかりの集団やん!」。

要するに、渡辺美里や小比類巻かほるらによる「アイドルとロックの中間市場」は、EPICソニーの一断面に過ぎず、もっと本質的な事実は「EPICソニーの音楽家は美男美女ばかり」ということではないだろうか(《SACHIKO》の人など、一部例外もあるが)。

その言い方が身も蓋もなさすぎるとすれば、サウンドという「一次元」に、ビジュアルという「二次元」を組み合わせる戦略を徹底した、日本初の「二次元戦略」レーベルがEPICソニーだったということになる。

今でこそ当たり前な「二次元」の重要性にいち早く気付いたＥＰＩＣソニーが、「一次元」にこだわっている他のレーベルを出し抜いていく――ここに「ＥＰＩＣソニー黄金時代」の１つの本質があったのではないだろうか。そうしてＥＰＩＣソニーは、その後のＪポップ市場の基礎を作っていくのである。

## TM NETWORK《Get Wild》をブレイクさせた狭い音域の妙

いよいよ、小室哲哉という顔役を迎える。小室率いるTM NETWORKの初ヒットにして、90年代にかけての栄華をほしいままにする「小室系」の最初の一歩でもある。

この曲を発売するまでの小室哲哉は鬱屈していたようだ。前年の渡辺美里《My Revolution》という、作曲家としての初ヒットはあったものの、TM NETWORK名義でのシングル売上は、ヒットには程遠かったからだ。

小室哲哉著『罪と音楽』(幻冬舎)において、当時について「あの頃のTMは鳴かず飛ばずだった」「86年末、僕の中では『次のシングルが事実上のラストチャンスだ』と捉えていた」と書いているくらいだから、かなり切羽詰まっている。

光明が見えたのが《Get Wild》の前作シングルの《Self Control》(87年)。売上は3・9万枚と食い足りないが、それでもその特異なメロディは、ラジオなどで当時かなり流れたはずである。そして満を持してのこの曲のリリース。

日本テレビ系アニメ『シティーハンター』のタイアップが付いたことも大きな追い風となった。23・1万枚のヒット。同じく『罪と音楽』における「TMはついにラストチャンスをものにすることができた」「ついにブレイクしたのだ」という書きっぷりからは、当時の小室哲哉青年が小躍りするさまが伝わってくる。

ここで《My Revolution》と《Get Wild》を比較分析する。もちろん同一作者なので共通項も多いのだが、大きな差異もある。その共通項と差異こそが、小室哲哉が苦闘の中で得たヒット曲作りの奥義であり、それはすなわち、小室が90年代の音楽シーンを制する強力な武器となっていくものなのだ。

まず共通項の1つは循環コード進行。《My Revolution》は、

【FM7】→【G on F】→【Em7】→【Am7】（キー【B】を【C】に移調）

という、私命名「後ろ髪コード進行」をひたすら繰り返す。対して《Get Wild》のサビは、

【Am】→【F】→【G】→【C】（キー【G♯m】を【Am】に移調）

を繰り返す。これはマキタスポーツが「ドラマティックマイナー」と命名した進行で、俗に「小室哲哉進行」とも言われるもの。【Am】で暗く始まり、少しずつ夜が明けて、最後の【C】で明るい達成感（安堵感《あんどかん》）が訪れるという感じの、非常に〝エモい〟進行である。

また佐野元春風「歌詞詰め込み唱法」も共通項である。《My Revolution》の「♪『非常』階段『急』ぐくつ音」の『　』内のように16分音符で歌詞を詰め込んだ符割りのことで、《Get Wild》も、歌い出しでいきなり「♪『アス』ファルト『タイ』ヤを切りつけながら」と、2回も詰め込んでいる。

さらにもちろん、キラキラとしたシンセによる打ち込みサウンドが全編を覆っているのも、《My Revolution》と《Get Wild》の共通項であることは言うまでもない。小室哲哉一流の転調も共通だ（《My Revolution》：【B】→【G#】、《Get Wild》：【Bm】→【G#m】）。

TM NETWORK
**Get Wild**

作詞：小室みつ子
作曲：小室哲哉
編曲：小室哲哉
発売：1987年4月8日
売上枚数：23.1万枚

と、いろいろと共通項の多い2曲だが、大きな違いもある。それは「音域」の点である。少しばかり専門的な話となって恐縮だが、《My Revolution》に比べて《Get Wild》のサビはメロディの音域が狭いのだ。

具体的に図で示してみる。まず《My Revolution》の歌い出しの簡易楽譜（110ページ図5）。高い音から低い音へ、1オクターブ分、転がり落ちるように流れていくのが

**図5**

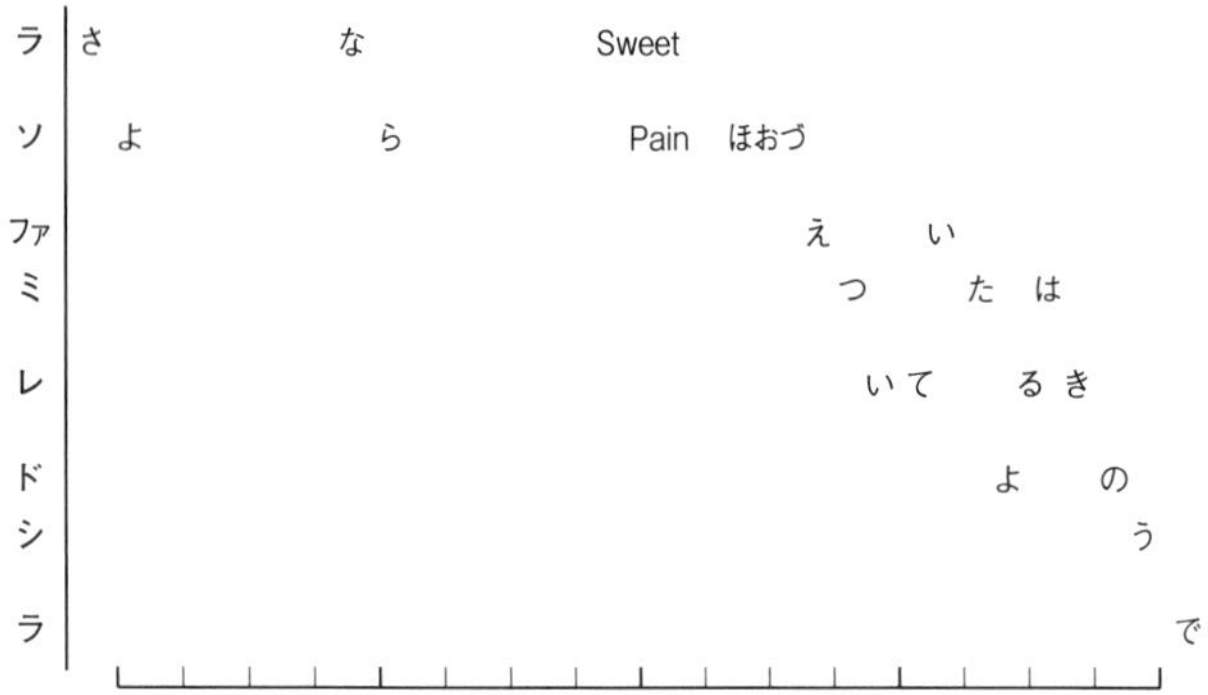


分かる。

対して《Get Wild》のサビ（図6）。こちらはドからファのたった4度の中にすべて収まっている。そのファもたった1回出てくるだけなので、基本的にドとレとミの3音／3度の幅の中にスポッとハマっている。

参考までに、《My Revolution》（グレー）と《Get Wild》の簡易楽譜を重ね合わせると112ページ図7のようになる。

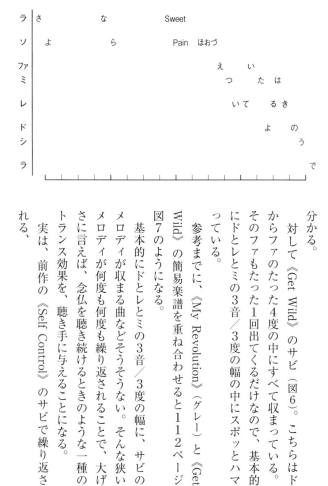

基本的にドとレとミの3音／3度の幅に、サビのメロディが収まる曲などそうそうない。そんな狭いメロディが何度も何度も繰り返されることで、大げさに言えば、念仏を聴き続けるときのような一種のトランス効果を、聴き手に与えることになる。

実は、前作の《Self Control》のサビで繰り返される、

**図6**

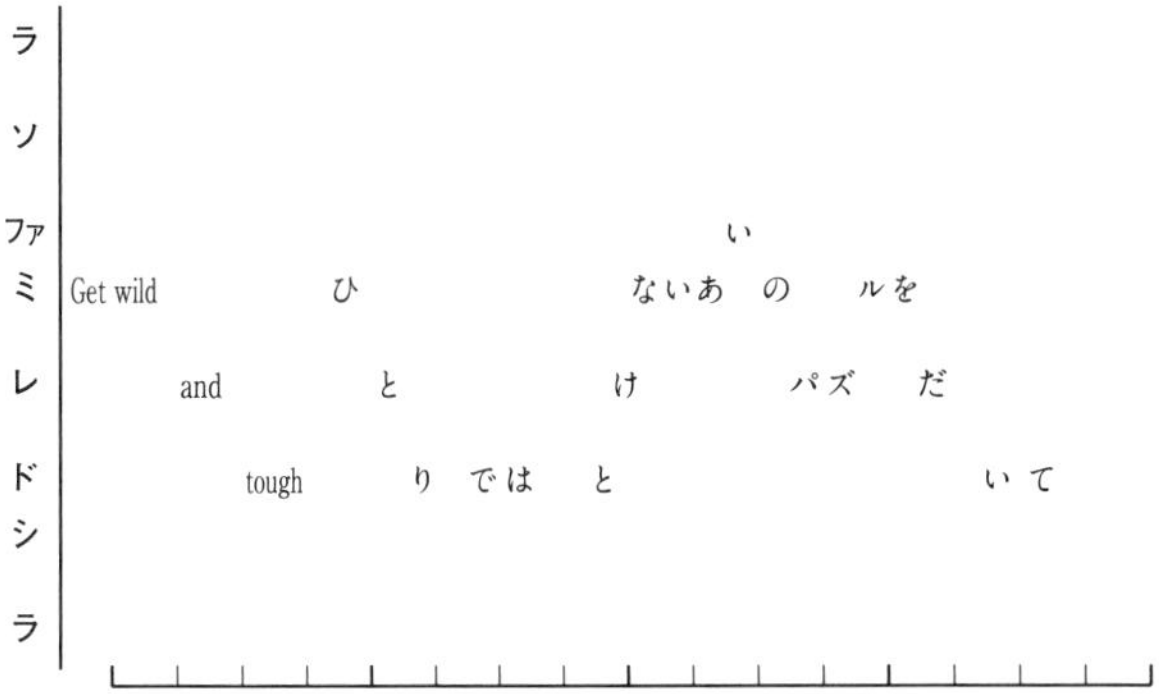


♪Self Control　今までのぼくは＝レー・レー・
レミ・ッド・レレ・レレ・レミ・ード

もド・レ・ミの3音／3度の中でできていて、この曲あたりで小室哲哉は「狭い音域での繰り返しフレーズ」という鉱脈を見出したのだろう。

それが行き着くところまで行き着いたのが、trf《EZ DO DANCE》（93年）の、

♪Ez Do Dance　Ez Do Dance　踊る君を見てる＝ドッド・ッレ・レ・レッレ・ッド・ド・ドッド・ーレ・レド・レレ・ード・ドー

という、ドとレのたった2音／2度に収まる「超狭サビ」である。

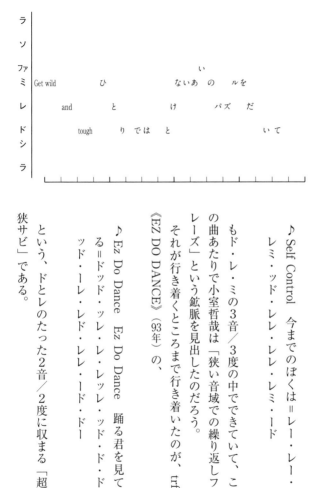

**図7**

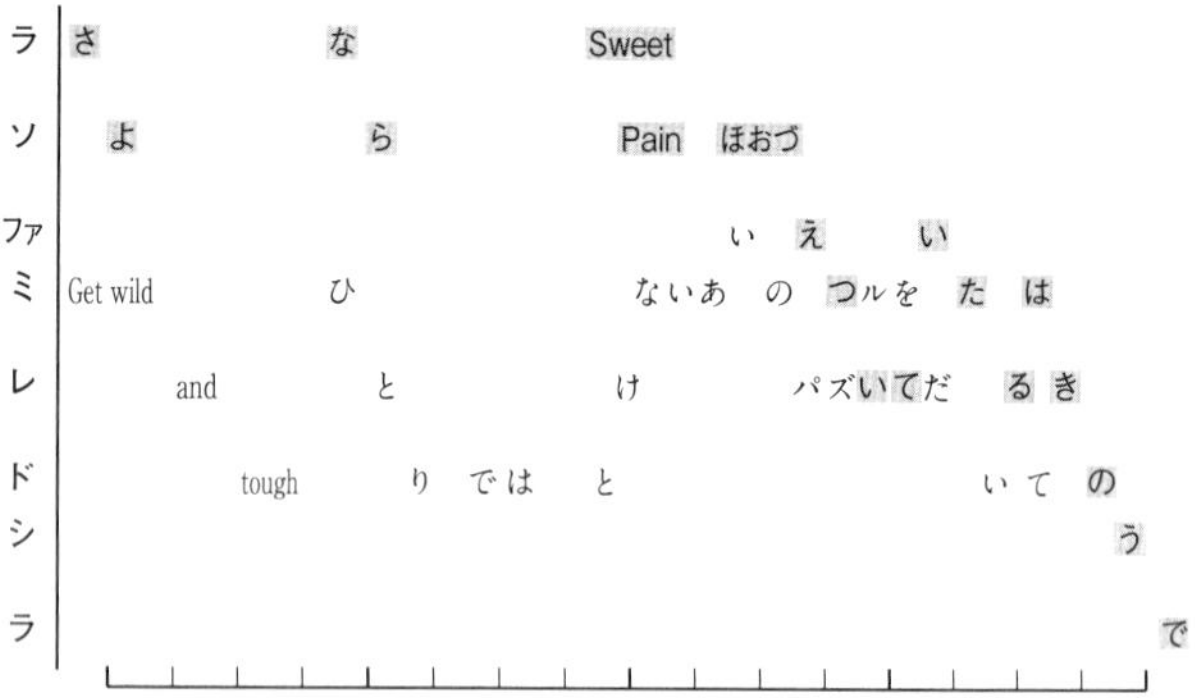


この音域の狭さこそが、《My Revolution》と《Get Wild》の音楽的差異であり、小室哲哉が苦闘の中で得たヒット曲作りの奥義の1つだったのだ。

狭い音域という武器も手に入れて、いよいよ小室哲哉が、90年代の世にはばかる。音域を狭く狭くすることで、広い広い市場に飛び出していく。若き小室哲哉にとって《Get Wild》は「Get Narrow, Get Large」な曲だった——。

追記：『東京スポーツ』紙（2019年11月22日）でマーティ・フリードマンが、オフコース《言葉にできない》（82年）をこう評していて面白かった——「このイントロは小室哲哉さんを思い出します。メロディーは『Get Wild』と同じ。ボーカルが入ってから急に転調するのも小室さんを思い出します」。

## 鈴木聖美《きよみ》 with RATS & STAR《ロンリー・チャップリン》に仕掛けられた壁

令和の世において、最も歌われ続けているEPICソニー・ソングではないか。歌われ続けている場は無論、カラオケである。80年代のこの曲、鈴木聖美 with RATS & STAR《ロンリー・チャップリン》と、90年代の藤谷美和子・大内義昭《愛が生まれた日》(94年)は、それぞれのディケイド(10年間)を代表するデュエットカラオケ・ソングだ。

しかし、売上枚数はたったの11・5万枚。ここは正直意外に思った。逆に言えばそれくらい、カラオケという場で、(多少怪しい関係の)男女が歌うこの曲を、おびただしい回数聴いたということだろう。

名義は「鈴木聖美 with RATS & STAR」。鈴木雅之が実の姉である聖美をプロデュースすることとなり、RATS & STARを挙げてバックアップしたという流れ。しかし世間の認識は「姉・鈴木聖美と弟・鈴木雅之のデュエット」というものだったと思う。

ヒットの要因は、多くのEPICソニー・ヒットと同じく、CMタイアップである。それも当時、深夜に頻繁に流れていた「カメリアダイヤモンド」のCMだったので効果絶大。

出演していたのは、映画『バック・トゥ・ザ・フューチャー』などで知られていた女優リー・トンプソン。(恐らく)アメリカの路上で、屈強な男性陣とともに、故障したトラックを持ち上げるというもの。コピーは「もうひとりの私を、見せてあげたい。」。

「カメリアダイヤモンド」「銀座ジュエリーマキ」「銀座じゅわいよ・くちゅーるマキ」などは、宝石輸入・加工・販売会社の株式会社三貴《みき》のブランドだった。最新の邦楽曲とタイアップして、深夜を中心に大量放映したＣＭの効果で、先のブランド名が世間に知られることとなった。

ところで私は、拙著『１９８４年の歌謡曲』で、三貴のＣＭで流れたヒット曲のコンピレーション・アルバムの選曲を提案している。どうだろう。曲順まで検討したつもりだ。

＃１　アン・ルイス《天使よ故郷を見よ》
＃２　高橋真梨子《桃色吐息》
＃３　B'z《太陽の Komachi Angel》
＃４　久宝留理子《男》
＃５　中西圭三《Woman》
＃６　渡辺美里《BIG WAVEやってきた》
＃７　鈴木聖美 with RATS & STAR《ロンリー・チャップリン》
＃８　相川七瀬《恋心》
＃９　松田樹利亜《だまってないで》

## #10 五輪真弓《空》

《ロンリー・チャップリン》の曲調は「アーバンソウル」とでも言うべき、大人っぽいものである（ジャーメイン・ジャクソンとホイットニー・ヒューストンのデュエット《やさしくマイ・ハート(Take Good Care Of My Heart)》―85年―の影響を明らかに受けている）。編曲には、元シュガー・ベイブの村松邦男もクレジットされている。

70年代の東京にいた、ドゥーワップ好きの若者2人が、その後ドゥーワップを発展させて、大きなマーケットを確立する。豊島区の山下達郎くんは「シティポップ」へ。大田区の鈴木雅之くんは「アーバンソウル」へ。才能があるということは「才能を発展させる才能」があるということに他ならない。

さて最後にまたカラオケ話。この曲のデュエットを女性に持ちかける男性は、その女性にそれなりの思惑を持っているはずである。

鈴木聖美 with RATS & STAR
**ロンリー・チャップリン**

作詞：岡田ふみ子
作曲：鈴木雅之
編曲：村松邦男・鈴木雅之
発売：1987年7月1日
売上枚数：11.5万枚

図8

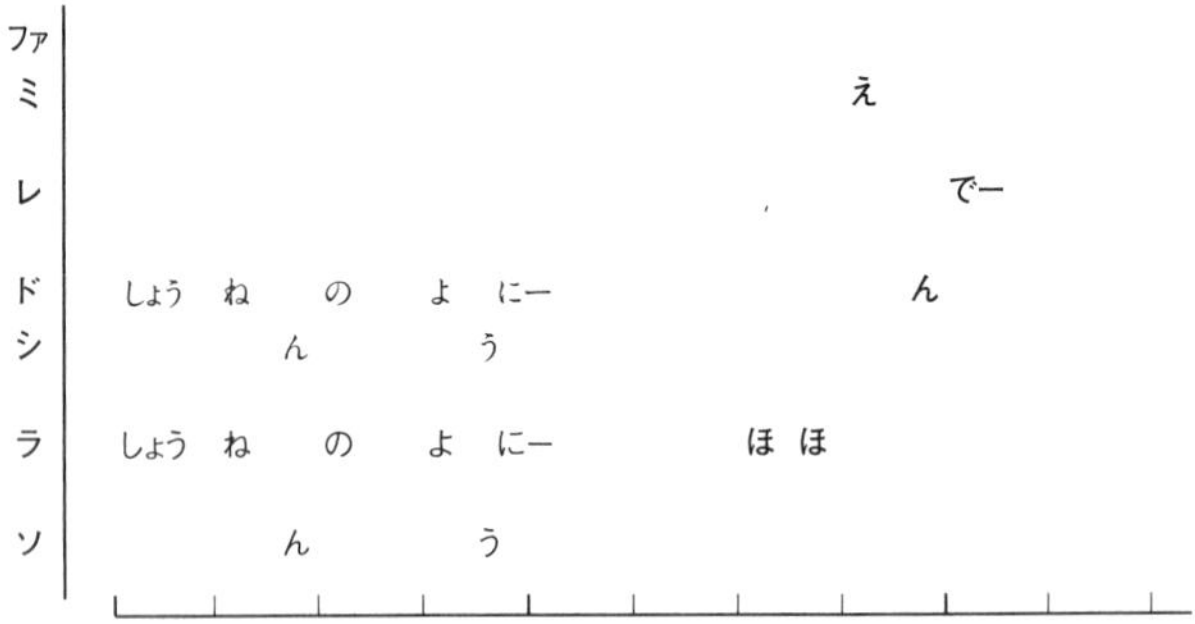


　しかし、その男性が最初に越えなければいけない壁があるのだ。それはサビの部分のハーモニーである。音の取り方が実に難しく、ここで失敗することで、恋愛自体にも失敗した男性が、当時とても多かったはずだ。別名「ロンリー・チャップリンの壁」。簡易楽譜だとこういう感じ（図8）。

「♪少年のように」が3度のハーモニー（明朝体が女性、ゴシック体が男性）、「♪ほほえんで」はユニゾン（太ゴシック体）。「♪少年のように」の男性パート（ゴシック体）の「♪ラー・ラソ・ラーラソラ・ー」の「ラ」（6th）の音が、伴奏のコードの中に入っておらず（もしくは入っているが音が小さい）、何というか、歌うのにとても勇気が要るのである。

　ここをビシッと決めて、最初の壁をスムーズに乗り越えられたら、周囲は喝采、2人の雰囲気も良くなり、次の恋愛ステップに進める可能性がグッと上がる。逆に、失敗してフニャフニャになってしまうと、その場で「孤独なチャップリン」になってしまう――。

「ロンリー・チャップリンの壁」に殉死し、「♪ドゥワチュワナダゲーン」とつぶやきながらトボトボ歩く「孤独なチャップリン」を、私は当時、新宿や六本木の路地で、何人も見かけたものだ。

## 大沢誉志幸《ゴーゴーヘブン》に見る洋楽臭と下世話臭の黄金比率

「EPICソニーの名曲の中で、最も優れた曲は?」と聞かれたら、佐野元春《SOMEDAY》、渡辺美里《My Revolution》、岡村靖幸《あの娘《こ》ぼくがロングシュート決めたらどんな顔するだろう》（90年）あたりで悩むと思うが、「最も好きな曲は?」だったら、迷わずこの曲を推す。

それどころか、もし私が「EPICソニー名曲列伝」という名のコンピレーション・アルバムを選曲できるなら、絶対にこの曲を1曲目にするだろう。初期・大沢誉志幸を代表するジャンプ・ナンバー、《ゴーゴーヘブン》。

87年というと、小室哲哉×大村雅朗によるマスターピース＝渡辺美里《My Revolution》が蹴り出した、メロディやコード進行が饒舌《じょうぜつ》になる「Jポップ化」の流れが進む時期だが、この曲は、そんな流れに背を向けたような音である。

【C】→【$E_7$】→【$A_m$】というやたらとシンプルな循環コードが、ひたすら繰り返されていくのだ。その循環コードに乗って、大沢誉志幸がとにかく自由にシャウトし続ける。このあたり、ソウルっぽいと言えばソウルっぽいのだが、「黒人音楽」というよりは、もう大沢誉志幸オリジナルの「大沢音楽」とでもいうべき風情である。

シャウトした結果として、やや聴き取りにくいのだが、銀色夏生による歌詞は、また切っ先鋭く光っている。「ゴーゴーヘブン」という文字列が、彼女の中で1つのテーマとなっていたのか、このシングルがリリースされてから約1年後の88年7月には、彼女による著書『Go Go Heaven の勇気』（角川文庫）が発売されている。

さて。「コンサートにいい女が一番多く集まる音楽家は大沢誉志幸だ」という意味合いの文章が、当時『rockin'on』誌に書かれたことを憶えている。私には、80年代後半の大沢誉志幸を生で見る機会はなかったのだが、それでも「確かにそうかもしれない」と思ったものだ。なぜかと言うと、当時の大沢誉志幸の音楽には、ハイセンスな洋楽（黒人音楽）らしさとともに、いい意味での下世話さも配合されており、結果、マニアック音楽のドツボにハマることなく、（当時風に言えば）「ワンレン・ボディコン」の「いい女」まで寄せ付ける魅力を併せ持っていたからである。

この曲などはまさにそうで、エンディングでスモーキー・ロビンソン&ザ・ミラクルズ

大沢誉志幸
**ゴーゴーヘブン**

作詞：銀色夏生
作曲：大沢誉志幸
編曲：安部隆雄
発売：1987年9月2日
売上枚数：3.0万枚

《Going to a Go-Go》（65年）が引用されるように、黒人音楽臭が強いものなのだが、それでも【C】→【$E_7$】→【$A_m$】と、循環コードの途中に、センチメンタルな響きの【$E_7$】を置くことで、下世話臭、さらに言えば歌謡曲臭が付け加えられていて、ここらあたりがワンレン・ボディコン女子の好むところだったのだろう。

洋楽臭と下世話臭を黄金比率で配合すること。それが「大沢音楽」の魅力の根本だったと思う。

だからこそ「デビュー前に100万枚売った男」になれた。だからこそ、傑作《そして僕は途方に暮れる》が生まれた。そして、だからこそ——《ゴーゴーヘブン》というこの曲が、まだ大学2年生のスージー鈴木少年を首ったけにした。

最後に付け加えさせてほしい。この曲の魅力は、ここまで書いたように音楽的な話だけにとどまらない。シングルのジャケットもまた、実に素晴らしいのだ。赤いジャケットを着た大沢誉志幸が、ハンガーに引っ掛かって、とぼけた表情でうなだれている斬新なアートワーク。

これを見て、当時のワンレン・ボディコン女子は「キャー！　誉志幸！」と歓喜したのだろう。そして、ワンレン・ボディコン女子とはまるで無縁な大学2年生の音楽好き少年は、同じく大沢誉志幸好きの友人を下宿に呼んで、《ゴーゴーヘブン》や前年発売の《クロール》というシングルを何度も聴きながら、このジャケットを見つめていた――。

黒人音楽でも歌謡曲でもない「大沢音楽」が日本を踊らせている。それはEPICソニーが日本を踊らせていることに他ならない。そんな「大沢音楽・無敵時代」は「大沢誉志幸 with Various Artists」名義のアルバム『Dance To Christmas』が発売される、翌88年11月まで続いていく。

## 3　笑顔の行方〜ＥＰＩＣソニーの向かう先（１９８８―１９９０）

### 岡村靖幸《だいすき》が好きすぎた平成最初の夏

ホンダの軽自動車「トゥデイ」のＣＭソングとして使われ、岡村靖幸という名前が広く知られるようになるきっかけとなった曲だ。

ＣＭで使われることを意識したのか、岡村靖幸一流の灰汁《あく》が取り除かれた、耳触りのいい曲である。ただし、「♪もう劣等感ぶっとんじゃうぐらいに熱いくちづけ」というフレーズには、取りそこねた灰汁を感じるのだが。

私が、灰汁も含めた岡村靖幸の総体に圧倒されるのは、シングル《だいすき》発売から8か月経った、翌89年の7月である。

アルバム『靖幸』発売。

何といっても出会い方が衝撃だった。そのときのエピソードは何度か書いている。拙著『イントロの法則80's―沢田研二から大滝詠一まで』より。

忘れられないのは、この89年の夏、NHKFMで、確か渋谷陽一や萩原《はぎわら》健太、今井智子、ピーター・バラカンらが集まる座談会みたいな番組があって、岡村靖幸の名曲《Vegetable》（89年）を萩原が紹介し、周囲が「こんなの、プリンスの物まねだ」と批判したのである。そのとき私は、批判には耳を貸さず、その《Vegetable》という曲にノックアウトされ、アルバム『靖幸』を購入し、さらにノックアウト。

89年の夏に聴いていた音楽。

・89年6月1日発売：ユニコーン『服部』
・89年7月14日発売：岡村靖幸『靖幸』
・89年8月25日発売：フリッパーズ・ギター『three cheers for our side～海へ行くつもりじゃなかった～』

岡村靖幸
**だいすき**

作詞：岡村靖幸
作曲：岡村靖幸
編曲：岡村靖幸
発売：1988年11月2日
売上枚数：2.1万枚

この傑作にして問題作の3枚のアルバムがリリースされた89年の

夏、平成最初の夏は私にとって、音楽的には奇跡の夏だったと、今でも思う。

89年は、私が大学4年生だった年。音楽的に奇跡だった夏を、別の方角から覗《のぞ》くと、就職活動に明け暮れたつまらない夏でもあった。身体に馴染まないスーツのポケットから伸びたヘッドフォンから流れる、ユニコーン、岡村靖幸、フリッパーズ・ギター。

『靖幸』に話を戻すと、その凄みは、歌詞カードに載せられた、この一文に象徴されている——「全てのプロデュース、アレンジ、作詞、作曲、演奏は岡村靖幸によるものです」。

「プロデュース、アレンジ、作詞、作曲」までもすごいのだが、加えて「演奏」というからすごすぎる。まさにプリンスだ。

「プリンスの物まね」は批判の対象にはならない。プリンスのように「プロデュース、アレンジ、作詞、作曲、演奏」までこなして、1枚のアルバムをこしらえることができるなんて、むしろ称賛の対象だと思う。再び『イントロの法則80's』より。


確かに、岡村靖幸の当時の作品は、プリンスとの共通性が多いと思う。ただ「物まね」と見下すべき筋合いのものではないだろう。岡村靖幸とプリンスの間には「物まね」という言葉で表現される表面的な共通性を超えた、いわば「本質的な共通性」がある。それは、自分1人で何から何まで完結させる「全知全能性」である。だから岡村靖幸は、プリンスの単なる物まねではない。「根本思想物まね」なのだ。言うまでもなく、80年代世界音楽シーンにおける最上級の天才＝プリンスの根本思想を真似《まね》られるということは、岡村靖幸も屈指の天才ということになろう。

それもたったの23歳で。「恐るべき23歳」の登場。

『靖幸』のピンク色のCD。何度聴いたか分からない。もしかしたら、はっぴいえんど『風街ろまん』（71年）よりも聴いたのかもしれない。《Vegetable》から《だいすき》を経て《バスケットボール》に至る衝撃の11曲。

圧倒されて、感化された。恥ずかしいことに、岡村靖幸になってやろうと思った。歌い方を真似て、話し方を真似て、踊り方さえ真似をしたほどだ。

「1989年」という西暦には、自動的に「バブル景気」という判が押される。すべての若者が、外車に乗って、六本木のディスコに行って、狂乱の日々を過ごしていたように語られる。そんな世間一般の「1989年」イメージから、ぽろぽろとこぼれ落ちるものがある。

それは例えば、「バブル景気」とやらには無縁で、どうにも要領がつかめない就職活動のストレスを晴らすべく、阿佐谷《あさがや》の下宿で岡村靖幸のダンスを練習する貧相な私の姿だし、「僕達は子供の育てられるような立派な大人になれんのかなあ？」とつぶやく、アルバム『靖幸』の

#8《Boys》の主人公の少年の姿だ。

昭和が終わり、平成が始まり、学生生活が終わろうとしているところに、岡村靖幸を繰り返し聴く生活が始まった。あれから、あのピンク色のCDを手に取ってから、もう30年以上が経ってしまった。

## BARBEE BOYS《目を閉じておいでよ》の言文一致体について

BARBEE BOYSの代表曲。たった1週間しかなかった〝昭和64年〟の元日発売。今となっては、椿鬼奴《つばきおにやっこ》とレイザーラモンRGのデュエットでお馴染みの曲でもある。

EPICソニーの有名曲には、必ずタイアップが付いている。この曲は資生堂のヘアスタイリングムース「トレンディー」のCMソングとなった。ブランド名からして時代がかっている。そのCMにはメンバーも出演。資生堂のCMに出てもさまになるルックスの良さもまたEPICソニー的。

先の「BARBEE BOYS《なんだったんだ？7DAYS》の新感覚ギターの凄み」の項にも書いたように、BARBEE BOYSというバンドの新しさの中核には、いまみちともたかのギターがあった。

いまみちともたかのギターの新しさを、言葉で表現するのは難しいのだが、あえてチャレンジすれば、「6本の弦と20個のフレットをすべて使い切る弾き方」とでも言うべきものである。

言い換えると、サイドギター、リズムギター、リードギターをすべて兼ね備えた奏法。何回もダビングして、それらを弾き分けるのではなく、一度の演奏にそれらがすべて配合されているという感じなのだ。

この曲も、イントロから「ザ・いまみちともたかギター」が炸裂する。もっとマニアックに聴けば、イントロ本編に入る前に、弦とピックが触れ合った「キュキュッ」という音が入っているのだが、もうそこから「ザ・いまみちともたかギター」「ザ・いまみちともたかワールド」に惹《ひ》き込まれる。

加えて、今回着目したいのは歌詞である。

歌詞の世界はやたらとエロい。「あいつ」の恋人である女性と寝るという設定。「顔は奴《やつ》と違うから」「目を閉じて」くればいいじゃないかという話。「♪馴れた指よりそこがどこかわかる」のあたりは、途方もなくエロい。

エロいついでに、さらに話をつなげてしまうと、「♪ひとつ出たホイのヨサホイのホイ」で有名な春歌《ヨサホイ節》の歌詞にも通じる淫靡《いんび》な世界である。

ボーカル・KONTAへのインタビュー『バービーボーイズKONTA「目を閉じておいでよ」を語る』（『Smart FLASH』2017年5月16日）によれば、この歌詞は、実際のセクハラ発言から生まれたという。

当時のバービーのマネージャーが女性スタッフに、「そんなもん目を閉じてれば一緒だよ、すぐだよ」みたいなことを、今となってはセクハラもんですが、当時でもセクハラですが（笑）。「すぐだよ、同じだよ、やらせろよ」って、言われましたと。

まぁ、昭和の末期はそういう時代だったということだが、今回特に注目したいのは、歌詞のエロい内容ではなく、その文体である。徹底した会話調なのだ。

タイトルからして《目を閉じておいでよ》と、男性が女性に語りかけている文体＝会話調で、先に取り上げた《なんだったんだ？７ＤＡＹＳ》も同じく会話調。

BARBEE BOYS
**目を閉じておいでよ**

作詞：いまみちともたか
作曲：いまみちともたか
編曲：BARBEE BOYS
発売：1989年1月1日
売上枚数：16.8万枚

ボーカリストが男女２人なので、必然的に、２人の会話で構成される歌詞になったのであろうが、その結果として、通常の歌詞には一定の比率で埋め込まれる、文学的で抽象的な情景描写がごっそりと抜け落ちているのだ。

象徴的に言えば、はっぴいえんど《12月の雨の日》（70年）の「♪流れる人なみを　僕は視ている」的な情景描写フレーズがなく、直接的に切り込む会話調だけで、全体が構成

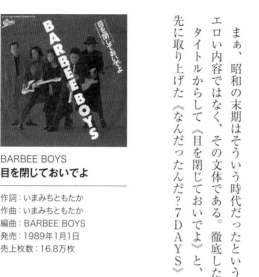

されているということも、いまみちともたかのギターと同じくらい新しかったのだ。
言ってみれば「言文一致体」の完成である。文語から口語へ、そして会話調へ。虚飾を剝いだむき出しの言葉。バブル時代に浮かれ、翻弄される若者の毎日に飛び交っていそうな会話調だけでできた歌詞。89年、昭和のどんづまりに、日本ロックの歌詞は、聴き手にここまで寄り添ったのだ。

最後に再度、先の『Smart FLASH』の記事から。このやり取りは気に入った。インタビュアーの「杏子《きょうこ》さんが加入して、ボーイズじゃなくなるわけですけど、バンド名を変えるという話にはならなかった？」に対してのKONTAの返答。

ならなかった。チャンバラトリオだって4人じゃないかって。

## 遊佐《ゆさ》未森《みもり》《地図をください》はEPICソニーらしさとのやわらかな訣別《けつべつ》

EPICソニー名曲史上、最高に印象的な歌い出しだと思う。

「♪雲のない青空は」＝「♪ミファミ・ファミファ・ソファミ・ドー」。キーは【G】で非常に高く（先の「ソ」の音は上の上の【D】の音）、そして細かい話になるが「・」で区切った「ミファミ」「ファミファ」「ソファミ」が三連符になっている。

そういう印象的なメロディをやわらかい声質で歌い切る。そのシンガーの名前も個性的な「遊佐未森」。

「やわらかい声質」は、ケイト・ブッシュや矢野顕子《あきこ》のそれに近い。しかし当時私が想起したのは、谷山浩子だ。中学生のときに愛聴した《カントリーガール》（80年）。あの声を思い出して「平成の谷山浩子」だと位置づけた。

その声質は、遊佐未森が国立《くにたち》音楽大学に在籍していた頃に培われたものだという。同大学公式サイト内にある、遊佐へのインタビュー記事より。

遊佐さんの今の歌い方はクラシックの発声法をベースに、大学時代に試行錯誤を繰り返しながら作り上げていったもの。裏声と地声、そしてその両者をミックスした中間の声を使い分けて歌っていて、それら3種類の声の混ざり具合が彼女の個性にもなっている。

しかし、ここからが今回の本題なのだが、当時の私はこの曲に、「EPICソニーらしくなさ」を感じたのだ。テレビ東京で放送されていたEPICソニーのプロモーション番組『eZ』を、食い入るように見つめていた大学3年生として。

佐野元春＝大沢誉志幸＝岡村靖幸というラインを、「80年代EPICソニーの背骨」だと、私は考えている。最新の洋楽のビートに、創意工夫を凝らして日本語を混入させ、日本の若者の手に届きやすくするライン。もちろん、このラインから《地図をください》は外れている。

また、よく考えたら、EPICソニーは、非常に男っぽいレーベルだった。男っぽい＝ロックっぽい。言い換えると、歌謡曲っぽくない。

本書で取り上げた音楽家についても、ほとんどが男性、もしくは男性のみのバンド。女性がいたとしても、渡辺美里や小比類巻かほる、鈴木聖美、杏子（BARBEE BOYS）と、非常にボーイッシュ／マニッシュな面々である（「特別枠」的な渡辺満里奈とテリー・デサリオを除く）。

その流れで遊佐未森の、それこそ森の中から聴こえてくるようなやわらかい声は、いかにも唐突だった。間口の広いCBSソニーならまだしも、EPICソニーには不釣り合いだという気がしたのだ。

手元にあるのは、92年に発売された、遊佐未森へのインタビューや写真などで構成された本＝『モザイクな日々』（ソニー・マガジンズ）。

ふんだんに挿入されている、ソフトフォーカスがかかった遊佐未森の写真は可愛らしいし（「特別枠」の渡辺満里奈に似ている）、「モザイクな日々」「お茶とひそひそ話」「よりみち」などの言葉遣いも、何というか、文科系女子という感じがする。

遊佐未森
**地図をください**

作詞：工藤順子　作曲：外間隆史
編曲：外間隆史、遠山淳
発売：1989年2月1日　売上枚数：4.7万枚

そう、「文科系女子」度の高さに、当時の私は「EPICソニーらしくなさ」を感じたのだ。

言い換えれば、時代が平成に変わり、80年代を席巻した先進的レーベル＝EPICソニーが、その余勢を駆って、88年デビューの鈴木祥子も含めて、これまでのレーベルを支えてきた「男っぽい＝ロックっぽい」市場の対極にある「文科系女子」市場に打って出ようとした時期だったのだろう。

実はこの曲、日清食品カップヌードルのタイアップが付いた。その事実だけからすると、大沢誉志幸《そして僕は途方に暮れる》、鈴木雅之《ガラス越しに消えた夏》の流れを汲《く》む、ＥＰＩＣソニー王道の系譜となる。

「大沢誉志幸《そして僕は途方に暮れる》を生み出した見事なチームプレイ」の項にも書いたように、《そして僕は途方に暮れる》版は、外国人の少女が、カメラに向かってキスするフリをするシンプルな構成の映像だった。そんなシンプルな映像に、《そして僕は途方に暮れる》の淡々としたサビが流れて、視聴者の心に強く印象づけられたのだ。

しかし、《地図をください》を使ったカップヌードルのＣＭには、俳優が起用されていて、ＣＭの印象は、その俳優にすべて持っていかれる結果になった。その俳優の名は――アーノルド・シュワルツェネッガー。

シュワルツェネッガーが自動車を担ぎながら道を歩いてくる。そしてカップヌードルを美味《おい》しそうに食べる。そこにコピー＝「シュワルツェネッガー、食べる。」が入る。《そして僕は途方に暮れる》版の「きみの、つぎにあったかい。」という情緒的なコピーとは位相が異なっている。

そんな映像に《地図をください》のやわらかな声質は、いかにも嚙《か》み合わない。ＣＭ映像との見事なフュージョンに命を懸けてきた「ＥＰＩＣソニー・ＣＭタイアップ列伝」の中で、極めて特異である。

分析的な物言いをすれば、84年の段階では、《そして僕は途方に暮れる》版のシンプルで情緒的な世界観が受け入れられる時代だった。しかし89年、いよいよバブルが最高潮化してくると、そういう情緒やヘッタクレより、外タレ使って派手派手しくドーンと！という方向に、時代の空気が変化したのだろう。

ＥＰＩＣソニーも変わっていく。時代の空気も変わっていく。

昭和から平成、80年代から90年代、バブル発生からバブル崩壊へと変化していく時代の中、朗々とした女性ボーカルで90年代を席巻するあの３人組に向かって、ＥＰＩＣソニーもカーブを切っていく。

## BO GUMBOS《魚ごっこ》に聴く、KYONのピアノとどんとの狂気

ボ・ガンボスのデビューを楽しみにしていた。

前項で取り上げた遊佐未森などのデビューによって、EPICソニーのロック的なイメージが少しばかり狂い始めたところだったので、それを取り戻す存在としてのボ・ガンボスに注目したのだ。「あの伝説的バンド＝ローザ・ルクセンブルグのどんとの新バンド」という触れ込みにも、期待が高まった。

アルバム『BO & GUMBO』の発売は89年の7月1日。その前年の3月にEPICソニーからデビューしたのが、当時『ROCKIN'ON JAPAN』誌が猛烈にプッシュしていたエレファントカシマシ。

「EPICソニーのロック的なイメージを取り戻す」と書いたが、よく考えれば、ボ・ガンボスとエレファントカシマシは、私が「80年代EPICソニーの背骨」とする「佐野元春＝大沢誉志幸＝岡村靖幸」というラインからは、ちょっとだけずれている。

都会的でグルーヴィな「80年代EPICソニーの背骨」からの拡大路線。前項の遊佐未森、鈴木祥子が「文科系女子」市場への進出ならば、ボ・ガンボスとエレファントカシマシは「武骨ロック市場」への進出とでも言うべきか。いずれにしろ、当時のEPICソニーは拡大志向

だった。

そのアルバム『BO & GUMBO』。期待に応える気合いが詰まっている。何といってもニューオリンズ録音、ボ・ディドリー参加である。

アルバムの代表曲が、この《魚ごっこ》。その意味不明なタイトル、ナンセンスな歌詞（一説には、警察官に職務質問されたときのことを歌っているという）もさることながら、この曲を際立たせているのは、何といってもKYON（川上恭生《やすお》）のアコースティックピアノだ。

ニューオリンズ風の演奏法。右手は、基本コードを弾きながら、上から素早く下降するアルペジオを全小節に入れ、かつブルーノートを多用して派手派手しく動かし、逆に左手は抑制的にベース・ラインを奏で続ける——と、文字で書いても全く伝わらないか。

加えて、曲の合間に繰り返されるのが、グリッサンドという奏法。ピアノの鍵盤を、上から下までギューンと一気に弾き降ろすあれだ（開始早々4小節目にいきなり出てくる）。とにかくそんな、KYONの派手派手しいピアノプレイが、

BO GUMBOS
**魚ごっこ**

作詞：BO GUMBOS
作曲：BO GUMBOS
発売：1989年7月1日（アルバム『BO & GUMBO』に収録）

私の音楽魂を射止めたのだ。

派手派手しいピアノ、言い換えると、強くて太いピアノ。妙な表現だが、本当にそう感じるのだから仕方がない。勢い余って、楽譜を買って、自分でもチャレンジしてみた。が——弾けなかった。いまだに弾けない。がっしりと強くて、どっしりと太いKYONのピアノ。私の永遠の憧れ。


さて。ボ・ガンボスがデビューした89年には、もう1つ重要なムーブメントが始まっている。TBS『三宅裕司のいかすバンド天国』、通称「イカ天」である。89年の2月スタート。イカ天も大きなきっかけとしながら、空前の「バンドブーム」が起きる。当時を知らない方には、このバンドブーム、ボ・ガンボスにとって追い風のように見えるかもしれないが、実際はそうではなかったと思う。

悪貨が良貨を駆逐していき、見どころのないバンドばかりが世にはばかる環境は、ニューオリンズに目を向ける音楽主義的志向を持つボ・ガンボスにとって、さぞかし居心地が悪かったことだろう。

私が思うのは、デビューがもう少し遅かったなら、ということだ。90年代中盤、「渋谷系」というムーブメントが発生、音楽そのものを少々マニアックに追求する「音楽主義」が商売になる時代が到来する。あの中でデビューしていたら、ボ・ガンボスの音楽は、もっと広がったのではないかと思うのだ。

と思いながら、渋谷系という、バンドブームとは違う意味のうさんくささを伴ったムーブメントの中でチヤホヤされることも、いさぎよしとしなかっただろう、どんとという人は、とも思う。

最後に、ボ・ガンボスのボーカリスト＝どんとについて書いておく。

私は当時、どんとという人を、ある緊張感を持って眺めていた。きらびやかな衣装でシャウトしている姿に、どんとの内面から発せられている、デリケートな狂気のようなものが立ち込めていたからだ。

きらびやかな姿から立ち込める狂気――RCサクセション時代の忌野清志郎からも、同じような感覚を得たのだが、どんとの場合は、狂気の度合いがさらに強いというか。

89年5月発売『ROCKIN'ON JAPAN FILE VOL.2』でどんとはこう語っている――「ほんとは、自分のしたいことっていうのは、何て言うか、例えば新興宗教とかの感じが匂うもんとかさ、裏学生運動みたいなのとかさ」。

もともとラディカルな精神性の人だったのだろう。そもそも、ボ・ガンボスの前にどんとが組んでいたバンドの名前＝「ローザ・ルクセンブルグ」とは、ポーランドに生まれドイツで活動して虐殺された女性マルクス主義者の名前だ（一般にはローザ・ルクセンブル「ク」）。

アルバム『BO & GUMBO』収録《ダイナマイトに火をつけろ！》で、「♪こんな社会につばをはき」とシャウトしたどんとにとって、バンドブームや渋谷系に消費されなかったことは本望だったのではないか。

しかし、00年1月28日、ハワイ島ヒロ市内にて脳内出血のため、どんと永眠。享年37。その若すぎる死を知ったとき、私の心に流れてきたのは《魚ごっこ》の替え歌だ。

——♪90年代、CDバブルに浮かれる音楽業界から、自由にすいすい泳ぐ魚じゃないとやってられないよ！

## 佐野元春《約束の橋》が与えてくれた肯定感について

89年6月1日に発売された佐野元春のアルバム『ナポレオンフィッシュと泳ぐ日』は、大学4年生、就職活動に忙しい私にとって、待ち遠しかった1枚だった。

待ち遠しすぎて、待ちくたびれた感じすらあった。《WILD HEARTS—冒険者たち》や《Young Bloods》など、名曲揃《ぞろ》いだった『Café Bohemia』(86年)から3年。この3年はあまりに長すぎたからだ。大学生活のど真ん中がまるまる入った3年間。ブルーハーツが台頭してサザンオールスターズが復活した3年間。昭和が去って平成を迎えた3年間——。

『Café Bohemia』はLPで聴いたが、『ナポレオンフィッシュと泳ぐ日』はCDだ。大学生協で予約までして買い、キラキラ光るディスクを、まだまっさらな下宿のCDプレイヤーに載せた。しかし、印象は複雑だった。何だか地味なのだ。まず思ったのは、歌詞に英語が少ないということ。「Happiness & Rest」的な、意味はよく分からないものの、でもいい感じの英語フレーズが、これまでに比べて激減していた。

日本語の言葉遣いもどこか独特で、タイトルからして《ボリビア—野性的で冴えてる連中》《おれは最低》《ブルーの見解》《雪—あぁ世界は美しい》と、何だかとっつきにくい。ディスクの盤面はキラキラしているのだが、『Café Bohemia』の収録曲が持っていた、あのキラキラした世界を、『ナポレオンフィッシュと泳ぐ日』は手放していたのだ。

3年間のうちに佐野元春も変わってしまったのか。

そんな中で、胸に迫ってきたのが、8曲目の《約束の橋》だ。先行シングルとして耳にしていた、ポップで人懐っこい仕上がりの1曲。思えば、これまたとっつきにくい実験作だった『VISITORS』（84年）でも、《TONIGHT》という、比較的ポップなナンバーの存在が効いていた。佐野元春という人には、そういうバランス感覚がある。

歌詞の中のパンチラインは「♪今までの君はまちがいじゃない」。この肯定感、この多幸感で、聴き手は一気に救われる。それはもしかしたら、佐野元春が自分自身に放ったメッセージだったのかもしれない——「80年代のティーンの腰を振らせて、胸をキュンキュンさせた、3年前までの僕の音楽は、決して間違ってはいなかった」。

パンチラインは続く。「♪これからの君はまちがいじゃない」——「そして3年後の今、少し大人になったリスナーに、少しばかり思索的な言葉でアプローチすることも、決して間違ってはいないはず」。

3年間の自分の変化を肯定する歌として、当時の私はこの歌を聴いた。そして、さらに30年以上経って私は、このメッセージが、当時のEPICソニーに向けられたもののようにも聴こえてきたのだ。

「ミスターEPICソニー」とでも言える佐野元春から、大沢誉志幸、岡村靖幸と進んできて、来るCDバブルをにらんで、明らかに拡大戦略に向かい始めていたレーベルの「これまで」と「これから」を肯定する歌として。

さて、この《約束の橋》、佐野元春の最も売れたシングルなのである。しかし89年に発売されたシングルはたった3・9万枚。どういうことか。実は、92年にシングルが再発され、それが何と70・3万枚も売り上げたのである。それまでのシングルの最高売上が《Young Bloods》(85年)の17・8万枚だから、レベルが違う。

92年の10月から放送されるフジテレビ「月9」ドラマの主題歌として大ヒットしたのだ。タイトルは『二十歳の約束』。主演は牧瀬里穂と稲垣吾郎。ドラマの内容は憶えていない。憶えているのは、こちらもフジテレビ『夢がMORI MORI』で流れた『二十歳の約束』のパロディで、牧瀬里穂の物まねをして、このドラマの定番セリフ「ヒューヒューだよっ!」を叫んでいた森口博子の姿だけ。

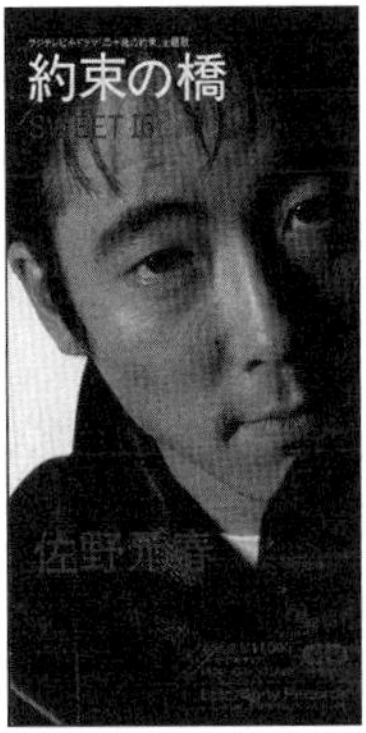


佐野元春
**約束の橋**

作詞:佐野元春
作曲:佐野元春
編曲:佐野元春
発売:1989年4月21日
売上枚数:
3.9万枚(89年盤)、
70.3万枚(92年盤)

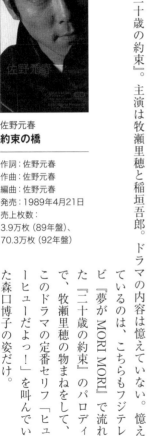

この大ヒットで《約束の橋》が佐野元春を代表する曲になってしまった。それは別にいい。いいのだけれど、当時『二十歳の約束』がきっかけで、カラオケボックスでこの曲を熱唱している、「にわか」佐野元春ファンを見て、あまりいい気持ちがしなかったのも事実だ。

当時の佐野元春ファンは2種類いた。頭に「ワン・トゥー・ワントゥー」というカウントが入っている『ナポレオンフィッシュと泳ぐ日』バージョンの《約束の橋》を聴いたことがあるか、否か。

それでも、社会人になった私は、心の中でこうつぶやきながら、気持ちを押し殺していた。

――「ドラマの主題歌で語られるようになっていく、これからの佐野元春も、決して間違いじゃない」

## ドリカム《うれしはずかし朝帰り》から始まる「シン・EPICソニー」の歴史

今から考えると、EPICソニーの歴史の中でも、ひいては日本のポップス史の中でも、全く新しい「外来種」のような音楽だった。ただしこの「外来種」、ややこしいのは、パッと見は「在来種」、つまり当時の日本の音楽シーンに、すーっと入ってくる人懐っこさを持っていたことだ。

キュートなルックスの女性ボーカルと、とっちゃん坊やのようなベーシストと、クールな面持ちのキーボーディストの3人組。しかしジャケットのように、総じて人を選ばない、実に親しみやすいルックスで迫ってくる。

男女比は違うが、90年代に日本テレビで放送されていた『DAISUKI!』という番組のMCの3人組＝中山秀征《ひでゆき》、松本明子、飯島直子が発していた「90年代的和気あいあい感」に近いものを感じていたのは、私だけだろうか。

さらには曲名も《うれしはずかし朝帰り》で《うれしい！たのしい！大好き！》（89年）で《晴れたらいいね》（92年）だから、その清潔かつ灰汁の取れた感じは、非常に間口が広い。そもそもユニット名「ドリームズ・カム・トゥルー」（夢は叶《かな》う）という響きからして。

しかし、曲を聴き始めると、深みにハマるトラップが、いくつも仕掛けられているのだ。この《うれしはずかし朝帰り》で言えば、まずは吉田美和の冒頭の雄叫びである。

イントロ9小節目から始まる「♪ウォーウォーーーウォウウォーーーーヤヤヤヤー！」。録音音源にもかかわらず、抜群の声量で歌われていることが一発で分かる。さらに音程も、一気に上のCまで上がるので、かなりの高音だ。まさに雄叫び。

「歌う」ではなく「吠《ほ》える」感じ。島津亜矢は「歌怪獣」と評されるが、「歌う」ではなく「吠える」ほどのフィジカルを「歌怪獣」の定義とすれば、80年代を代表する「歌怪獣」が玉置浩二で、90年代のそれは吉田美和となろう。

「歌怪獣」性に加えて、《晴れたらいいね》のような技巧的な転調や変拍子、コードとメロディの関係が複雑な《決戦は金曜日》（92年）、さらには歌詞に「カラックス」「ジェリー・アンダースン」などの固有名詞が出てくる《go for it!》（93年）など、ドリカムの曲には、ヌポッと深みにハマるトラップが、いくつも埋め込まれている。

「ルックスや曲名、ユニット名がもたらす間口の広さ」と「歌怪獣性、音楽的技巧性、持って回った歌詞がもたらすトラップの深さ」。この「間口の広さ×トラップの深さ」を乗じた面積が異常に肥大化していた「外来種」。それが当時のドリカムではなかったか。

もう少し分かりやすく言えば、「好きなミュージシャン」として挙げても、デートのときにクルマの中でかけても、カラオケで歌っても、ビギナーにもマニアにも喜ばれる「決して外すことのないブランド」としてのドリカム――。

と、少々客観的な物言いをしているが、実は私もドリカムを愛聴していた。正直《うれしはずかし朝帰り》や《晴れたらいいね》は、割と聴き流していたのだが、94年の《すき》、95年の《サンキュ.》(語尾のピリオドに注目)は、本当によく聴いたし、カラオケでも歌った。

決定打は、少々最近になるが、07年の《大阪LOVER》だ。あの曲は大阪人の心をわしづかみにする。私のような、関東生活年数が大阪生活を上回った「えせ大阪人」であっても「♪大阪のおばちゃんと呼ばれたいんよ」のところで、毎回涙腺が決壊しそうになる(いや決壊する)。逆に「えせ」だからこそグッと来るのかもしれないが。

ドリームズ・カム・トゥルー
**うれしはずかし朝帰り**

作詞:吉田美和
作曲:吉田美和
編曲:ドリームズ・カム・トゥルー
発売:1989年9月1日
売上枚数:1.4万枚

涙腺にグッと来るのは、吉田美和の「泣き節」にも秘密があろう。昔、大滝詠一がラジオで「コニー・フランシスのようなイタリア系の泣き節は日本人好み」という意味合いのことを言っていたが、《すき》《サンキュ.》《大阪LOVER》のボーカルは、明らかにその「イタリア系泣き節」だと思う。

「間口の広さ×トラップの深さ」にさらに「泣き節」をかけ合わせたら、その解の数値は無限大だ。無限大は無敵だ。ドリカムが90年代を連れてくる。「90年代」と書いて「ドリカム」と読む――。

「EPICソニー史」を舞台化するとすれば、第1幕は、佐野元春から始まる80年代前半。第2幕は渡辺美里から始まる80年代後半。そして第3幕が、この《うれしはずかし朝帰り》からになろう。

しかしアルバム『The Swinging Star』（92年）が何と320万枚を売り上げるフィナーレまでの第3幕と、第1幕・第2幕との段差は激しい。別の物語という趣きさえする。言わばこの曲から、「シン・ゴジラ」ならぬ「シン・EPICソニー」の歴史が始まるのだ。

## ドリカム《笑顔の行方》に見る中村正人「下から目線」作曲法

それからもうひとつは、そのころ五〇歳ちょっと前で、定年まで十何年あるでしょ。エピックはうまくいっているから、自分も部下も誰もクビにならない、そういう部下との関係がさらに十何年続くと想像すると気持ち悪いじゃない。（中略）だからこれは一回、おれが辞めたほうがいいかなと思って、一九八八年にエピックを辞めて。

EPICソニーの黄金期を築いた「ロックの丸さん」こと丸山茂雄の著書『往生際――〝いい加減な人生〟との折り合いのつけ方』（ダイヤモンド社）からの一節である。80年代後半におけるEPICソニーの変容には、丸山茂雄という精神的支柱の喪失も影響しているのかもしれない。

前項で書いた「シン・EPICソニーへの変貌」をもう少し詳しく追うために、ドリームズ・カム・トゥルーの曲をもう1曲取り上げる。

発売は90年の2月。火蓋が切られた90年代を席巻することになるドリカムの初ヒットは、この《笑顔の行方》である。44・6万枚だから堂々たるヒット。この曲でドリカムに巡り合ったという人は多いはずだ。ＴＢＳ系ドラマ『卒業』（90年）の主題歌。中山美穂、仙道敦子《のぶこ》、河合美智子がパジャマ姿で、この曲に乗せて体操をするタイトルバックを、憶えている人も少なくないだろう。中川右介《ゆうすけ》によるフジテレビ系月曜９時ドラマ、いわゆる「月９」の歴史を考察した労作、その名も『月９─１０１のラブストーリー』（幻冬舎新書）には、『卒業』と同クールの「月９」＝『世界で一番君が好き！』のプロデューサーだった大多亮《おおたとおる》がドリカムに主題歌を発注しようとしたというエピソードが紹介されている。

しかし、ドリカムの新曲タイアップが「三日前に」ＴＢＳの『卒業』で決まってしまったため、LINDBERG《今すぐKiss Me》（90年）に代えたとのこと。ちなみに《今すぐKiss Me》は《笑顔の行方》を超える61・０万枚の大ヒットとなる。

さて、そんな《笑顔の行方》。今回改めて聴き直して、とても驚いた。これは凝っている。いやもっと直接的に言えば、実に奇妙なコード進行の曲なのだ（奇妙すぎて、ここからのコード進行解析には、別の捉え方もあるかもしれないことを、先に断っておく）。

キー【F】と【B♭】・【D】の間でひたすら転調を繰り返す。このこと自体は90年の段階で、それほど奇妙なことではないが、キー【F】・【B♭】・【D】それぞれのパートで、決して主和音に落ち着かないのだ。これは相当変わっている。「♪同じ笑顔はできなくても」の「も」のコード【D】で一瞬落ち着きかけるが、すぐにせわしなく【F】に転調する。

「【C】→【$G_7$】→【C】」——これは、音楽の授業の前、先生がピアノで弾く「起立→礼→着席」のコード進行。この場合のキーはもちろん【C】で、主和音も【C】。だから最後の主和音【C】で生徒は落ち着いて「よっこらしょ」と席に座る雰囲気になるわけだ。

そう、この「よっこらしょ」感が、この曲にはないのだ。最後の最後「♪今ならもっと」で、ようやっと【F】という主和音に落ち着くが、それも一瞬。その後もフラフラッとコードが変わっていく。

この感じ、どこかで聴いたことがあるなと思い返してみると、ビーチ・ボーイズの名盤『ペット・サウンズ』（66年）が浮かんだ。

ドリームズ・カム・トゥルー
**笑顔の行方**

作詞：吉田美和
作曲：中村正人
編曲：中村正人
発売：1990年2月10日
売上枚数：44.6万枚

「ルート（筆者註：コードの根音）に向かうことを執拗《しつよう》に避け続けるベース・ライン」——これは、山下達郎が書いた同アルバムのライナーノーツ（名文）で挙げられた『ペット・サウンズ』の音楽的特徴の1つなのだが、これは、落ち着かない＝「よっこらしょ」感がないという意味で、「決して主和音に行かないこと」と音楽的に近しい意味を指す。

ここで《笑顔の行方》のクレジットに目を移すと「作曲：中村正人」。『ペット・サウンズ』の首謀者であるブライアン・ウィルソンと同様に、「ベーシストが作曲した」という共通項を発見するのだ。

ギタリストやピアニストに比べて、ベーシストは低音から、つまり下から音楽を支えている。ベースの音1つで、曲の表情が微妙に変わるということを熟知している。そんなベーシストならではの、「下から目線」の繊細なコード感覚によって、《笑顔の行方》は作られたのではないだろうか。

しかし、そんな風変わりな曲が、吉田美和の圧倒的ボーカルと、チャーミングなルックスによって、44・6万枚売り上げたのだから時代は変わった。この曲のMVを今回、30年ぶりに改めて見て、「ドリカムとは、まずは吉田美和のルックスだった」と痛感した。

さぁ、EPICソニーから丸山茂雄がいなくなり、ドリカムがやってきた。

90年代がやってきた。

バブルガム・ブラザーズ《WON'T BE LONG》はポジティブ演歌ソウル

日本の大衆音楽史において、主に洋楽の影響を受けた新しい方法論は、往々にしてコミックソングの顔付きをして入ってくる。

その代表は、日本版ロックンロールの原点＝スパイダース《フリフリ》（65年）であり、日本版フォークソングの原点＝フォーク・クルセダーズ《帰って来たヨッパライ》（67年）である。また、サザンオールスターズ《勝手にシンドバッド》（78年）もそのパターン。デビュー時のサザンを、コミックバンドだと世間が認識していたのは有名な話だ。

要するに、洋楽の最新トレンドを生真面目に再現するのは、気恥ずかしい行いなのだ。だから、コミックソングのコーティングを施し、半笑いで演奏することで、その気恥ずかしさを避けようとする。

バブルガム・ブラザーズという人たちも、お笑い業界出身だったこともあり、そもそもがコミック性をまとっていた。

この曲《WON'T BE LONG》の作者であるブラザー・コーンは、あのねのね・清水国明の弟子だった人で、相棒のブラザー・トムは「小柳トム」として、警官コントで名を馳《は》せ、日本テレビ『お笑いスター誕生!!』でグランプリに輝いた人。

しかしこの曲自体には、コミック性は感じられない。ブルース・ブラザースの影響下にあるコミックユニットが、黒人音楽（に影響を受けた音楽）を「生真面目に」歌ってヒットしたのだ。つまりは《勝手にシンドバッド》と《いとしのエリー》（79年）の両方が包含された構造である。

90年8月の発売だが、ブレイクは91年に入ってから。ヒットのきっかけもまた、コミック性に富んでいる。

91年3月30日に放送されたフジテレビ『オールナイトフジ』の最終回、スタジオは深夜番組最終回特有の自暴自棄な状態となり、とんねるず以下、レギュラー陣が大騒ぎする中、この曲がかかったのだ。

ブラザー・コーン本人もインタビューで「この曲を気に入ってくれていたとんねるずが、生放送なのに2回も流してくれて。その直後からフジテレビに電話が殺到して、それがきっかけでした。だからプロモーションにお金がかかってない（笑）」と語っている（Yahoo! ニュース『結成35周年バブルガム・ブラザーズ「自分の未来を曲の中で描き続け、だから音楽がやめられなくなった」』２０１８年9月1日）。

あけすけに言えば、どさくさ紛れで世に出た曲とも言えるのだが、それにしては、肝心の曲そのものは、コミックソングではなく、実によくできた「イエロー・スキンド・ソウル」だったのだ。

ここで言う「よくできた」は、単に「作品としてよくできた」という意味だけではなく、「商品としてよくできた」という意味も兼ねている。

もっと直接的に言えば「日本でよく売れるようにできた曲」。日本人が作り、日本人が歌い、そして、黒人音楽に親しみのない、ましてや黒人音楽で踊ったことなどない日本人が、ノリノリに乗れる曲。

ポイントは、その音楽性にある。日本人好みのマイナー（短調）キーで、かつ「【Em】→【A】→【Bm】」を執拗に繰り返すコード進行はシンプルで馴染みやすい。また音域も広くなく、カラオケでも歌いやすい。誤解を怖れず言い換えれば、演歌的な要素が強いのだ。

その上、歌詞の内容もよく読めば、KAN《愛は勝つ》（90年）や槇原《まきはら》敬之《のりゆき》《どんなときも。》（91年）同様に当時のトレンドに合致した、「頑張れば夢は叶う」的なポジティブ性に溢れている。

つまりこれらの「ポジティブ演歌

バブルガム・ブラザーズ
**WON'T BE LONG**

作詞：Brother Korn
作曲：Brother Korn
編曲：バブルガム・ブラザーズ
発売：1990年8月22日
売上枚数：100.9万枚

ソウル」性が奏功して、ブラザー・コーンの公式ホームページによれば「売り上げ180万枚のミリオンセールスを達成」となり、結果、バブルガム・ブラザーズは、91年のNHK『紅白歌合戦』にも出場する（ハウンド・ドッグの代打という形ではあったが）。

コミック性を帯びたユニット、テレビ番組主導のヒット（それも音楽番組ではなく、深夜の女子大生番組）、演歌性、ポジティブ性、挙げ句の果ての『紅白歌合戦』――ヒットに至った要素を並べてみると、シュッとしてツンとすました「80年代のEPICソニーらしさ」とは全く異なることが分かる。

ちなみに、本書で取り上げた音楽家のうち、当時（79～90年）リアルタイムで紅白に出場したのは、小比類巻かほるとTM NETWORK、そしてドリームズ・カム・トゥルーという、後半のたった3組のみ（91年以降は、鈴木雅之、ラッツ&スター、渡辺美里が加わる）。

そもそもEPICソニーとは、創始者・丸山茂雄が「紅白歌合戦に出る」「レコード大賞を獲《と》る」という芸能界の競争が嫌で嫌で、歌謡曲色の強かったCBSソニーを抜け出して作った、ロック色の強いレーベルなのである。

というわけでこの曲を、EPICソニー全盛期の終焉を飾る「反・EPICソニー・ヒット」だ、と結論付けようとしたら、強烈な事実にぶち当たった――ブラザー・コーンと「ミスターEPICソニー」佐野元春は、中学時代の同級生！

## THE真心ブラザーズ《どか〜ん》に見る吉田拓郎イズムとは？

『パラダイス GoGo!!』という番組があった。89年の4月から1年間、フジテレビの平日夕方17時から放送されていた生番組。

番組の核となっていたのは「乙女塾」という女性アイドルグループ。この中から、永作博美が在籍していたribbonや、三浦理恵子が在籍したCoCoなどがデビューしていく。

つまりは、数年前まで同じ時間帯に放送されていた『夕やけニャンニャン』の夢よもう一度、という番組だったのだが、時代は平成、もう一度夢が実ることはなく、たった1年で終わってしまうのだが。

私は、この番組を録画したVHSのビデオテープを、大量に持っている。別にribbonやCoCoのファンだったのではない。アマチュアとしてこの番組によく出演していた松村邦洋《くにひろ》にハマったのである。

泡沫《ほうまつ》番組と言ってもいいかもしれない『パラダイス GoGo!!』が平成に残した遺産。永作博美、三浦理恵子、松村邦洋、そして——真心ブラザーズ。

『パラダイス GoGo!!』の中に「勝ち抜きフォークソング合戦」というコーナーがあった。89年と言えばTBS『三宅裕司のいかすバンド天国』（イカ天）であり、つまりはバンドブーム全盛期。対する「勝ち抜きフォークソング合戦」は、つまりは「イカ天」のパロディのようなコンセプトのコーナーだった。

しかし、そこに登場したのが彼ら。あれよあれよと10週勝ち抜いてしまう。デビューから20年経った09年のインタビューより、YO-KING（倉持陽一）の発言。

『パラダイス GO! GO!』は4月に始まったんだけど、その少し前にイカ天（『三宅裕司のいかすバンド天国』）が始まってて。当時、〝イカ天に出るのは、ちょっと恥ずかしいよな〟みたいな感じもあったんですよ。だから、ある意味、ズルいっちゃズルいんだよね。本筋で勝負しないで、横道を通って、そのままデビューまでしちゃったわけだから。

（CDジャーナル.com『真心ブラザーズ20周年記念ロング・インタビュー』2009年8月11日）

時代はまさに「ロック」で、「フォーク」はパロディの対象に過ぎない扱いだったのだが、YO-KINGにとっては、まさに音楽性の原点だったのだ。

真心ブラザーズ『NO BRAIN BOOK』（ソニー・マガジンズ）という本に、YO-KINGが音楽遍歴を語る「YO-KING'S MUSIC HISTORY」というコーナーがある。その中にある、彼の音楽遍歴を表した手書きメモのど真ん中を貫いているのが、何と吉田拓郎なのだ。

YO-KINGと私はほぼ同年代で（私が1学年上）、かつ同じ大学に通っていたようだ。だから、彼を取り巻いた音楽環境が、多少は分かるつもりでいるのだが、あの当時、あの音楽環境の中での吉田拓郎ファンは相当に特異だった。

「YO-KING'S MUSIC HISTORY」の中のインタビューで、高校3年生のときにオールナイトコンサート「吉田拓郎 ONE LAST NIGHT IN つま恋」（85年）に足を運んだと発言しているから、かなりの強者《つわもの》である。

そう言えば、しわがれ声&ノンビブラートなYO-KINGの歌い方は、まんま「吉田拓郎チルドレン」という感じなのだが、とにかく、そんな本気の「フォーク野郎」が、「勝ち抜きフォークソング合戦」というパロディのハコにあえて挑戦して、ぐんぐん勝ち抜いてしまったのだから痛快だ。

THE真心ブラザーズ
**どか〜ん**

作詞：THE真心ブラザーズ
作曲：THE真心ブラザーズ
編曲：THE真心ブラザーズ
発売：1990年9月21日
売上枚数：1.3万枚

桜井秀俊「当時のエピックの社長の丸山（筆者註：茂雄）さんと会って、そしたら『正直言って、CD1枚出すからって、君たちのこと、一生面倒見るわけじゃないから』って言われて。こっちも就職するつもりでいたから、お互いの利害が一致したわけね」

（真心ブラザーズ『NO BRAIN BOOK』ソニー・マガジンズ）

という軽い感じでデビューするも、《サマーヌード》（95年）、《拝啓、ジョン・レノン》（96年）、《ループスライダー》（97年）などの名曲を立て続けに発表、一時期活動を休止するも、現在も活躍中である。

そんな真心ブラザーズの物語の第一章を飾るのが、この《どか〜ん》である。売上枚数は1・3万枚で、正直ヒット曲というわけではないのだが、テレビ朝日『ニュースステーション』のプロ野球コーナーで流れ、また高校野球の応援歌としても頻繁に使われることで、広く一般に知られた。

《どか〜ん》に加えて、《サマーヌード》《拝啓、ジョン・レノン》《ループスライダー》に共通するのは、グルーヴィな演奏である。ドラムスとベースがスウィングしまくっていて、やたらと気持ちいい。

このあたり、「フォークのプリンス」と言われた吉田拓郎からは、遠い印象を受ける人も多いかもしれないが、実は、拓郎サウンドの底辺にもリズム&ブルースが流れているのだ。《高円寺》（72年）なんて、フォークギターだけで、ジェームス・ブラウンを再現しているような曲である。

島崎今日子『安井かずみがいた時代』（集英社）によれば、「吉田拓郎＝フォークソング」と捉えたがる作詞家・安井かずみに対して、吉田拓郎が「僕のはよく聴きゃリズム＆ブルースとかいろんな要素が入っているんだから、聴けよ」とキレたことがあったというのだが。

《どか〜ん》に話を戻すと、曲の長さは何と、たった1分29秒。そう言えば吉田拓郎にも短い曲が多く、先の《高円寺》は1分26秒。このあたりも拓郎サウンドの継承と言えないこともない。

## 80年代EPICソニーの総決算〜
## 岡村靖幸《あの娘ぼくがロングシュート決めたらどんな顔するだろう》

「80年代」と書いて「EPICソニー」と読む——。

ラストの30曲目に、これほどふさわしい曲はないだろう。言い換えると「80年代EPICソニーの総決算」としての曲。ドリームズ・カム・トゥルーも80年代にデビューしているのだが、彼（女）たちはむしろ「90年代EPICソニーの幕開け」という感じがするのに対して。

目を引くのはまず、タイトルの長さ。「あの娘ぼくがロングシュート決めたらどんな顔するだろう」という圧巻の26文字。ちなみに3年後リリースのB'z《愛のままにわがままに僕は君だけを傷つけない》は21文字。

そのタイトルの長くおかしな語感は、そのまま岡村靖幸のおかしな歌い方に直結する。ただこの「おかしさ」こそが、EPICソニーの本流が行き着くところでもある。

私の考える「EPICソニーの背骨」は佐野元春＝大沢誉志幸＝岡村靖幸という流れ。これはすなわち、ロックのビートに馴染ませることに向けた「日本語発声のゆがめ方イノベーション」の流れである。

佐野元春《アンジェリーナ》からちょうど10年。EPICソニーの音楽家が提唱し、普及させた「日本語発声のゆがめ方イノベーション」が、この曲に極まっている。岡村靖幸一流のギュッとゆがめてネチッと練り上げられた日本語が、ロックのビートにベチャッと染み付いている感じがする。

このシングルの1か月後に発売されたアルバム『家庭教師』も怪作にして快作。いったいどれほど聴いただろうか。私が社会人として、スーツにネクタイでオフィス街を闊歩《かっぽ》するようになった頃、それでもカバンに忍ばせたディスクマンの中、くるくる回っていたのは『家庭教師』のコンパクトディスクだ。

1990年を迎えて、時代ががらっと変わった感じがした。長い髪がバッサリと切られ、テクノカットになった1980年や、逆にマッシュルームカットが、いよいよぼさぼさの長髪になった1970年ほどではないにせよ、西暦の3桁目が1段上がると時代も変わる。

岡村靖幸
**あの娘ぼくがロングシュート決めたらどんな顔するだろう**

作詞：岡村靖幸
作曲：岡村靖幸
編曲：岡村靖幸
ストリングス・アレンジメント：清水信之
発売：1990年10月10日
売上枚数：2.1万枚

## 《おどるポンポコリン》

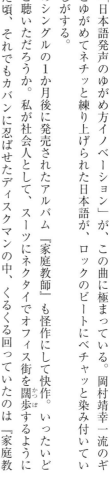

（90年）をカラオケボックスで歌い踊った時代、そして、「イカ天」や「ホコ天」がマスコミを通して一大現象となった時代、さらには、新しいFM局で喋《しゃべ》る「バイリンガル」の「ナビゲーター」が、音楽のBGM化を一気に進めた時代。

誤解を怖れず表せば、音楽それそのものが目的ではなく、生活のための単なるツールの1つに成り下がった時代の到来である。

そんな中、80年代を席巻したEPICソニーの方法論が、少しずつ時代と乖離《かいり》していく。もう少し穏やかに言い換えれば、80年代EPICソニーのあの音、あの世界が、時代のデフォルトになってしまった。

たった10年前、佐野元春《アンジェリーナ》の歌詞や歌い方に、あんなに驚いたのに、90年、もう誰も驚かなくなり、カラオケボックスで普通に歌われる曲になっている。

たった6年前、大沢誉志幸《そして僕は途方に暮れる》のキラキラしたサウンドに、あんなに魅せられたのに、90年、デジタルとアナログを融合した音作りはもう普通になっている。むしろアナログだけのサウンドが珍しくなっている。

そして、《あの娘ぼくがロングシュート決めたらどんな顔するだろう》が発売された90年、岡村靖幸はまだ、多少奇異なものとして見られているけれど、ロックのビートに染み付いた日本語で、80年代のEPICソニーを見事に総決算している。

「80年代」と書いて「EPICソニー」と読んだ。しかし「90年代」という文字から「EPICソニー」は、決してあぶり出せない。

80年代EPICソニーがもたらしたもの。新しい日本語の歌い方。洋楽かと見間違えるようなPV。楽曲や音楽家のイメージを増幅させる鮮やかなタイアップ。優れたルックスを十分に活かしたビジュアル展開。

その結果、80年代EPICソニーが生み出したもの。「ニューミュージック」をブラッシュアップした新しい音楽。それはつまり「ニューミュージック」と歌謡曲とロックの中間市場。そしてそれは、「ニューミュージック」と「Jポップ」をつなぐもの――。

――♪寂しくて悲しくてつらいことばかりならば　あきらめてかまわない　大事なことはそんなんじゃない

さぁ、少しばかり退屈で、呆《あき》れるほど混沌《こんとん》とした90年代がやってきた。そして私は、心の中でつぶやいた――。

――「80年代」と書いて「EPICソニー」と読む。

# 第二章　ＥＰＩＣソニーの「時代」

## 1 EPICソニーの「歴史」

### EPICソニー、発進

78年8月。80年代の邦楽市場を席巻する「株式会社EPIC・ソニー」が、CBSソニーの全額出資にて設立される。

親会社のCBSソニーは、その10年前の68年3月の設立。ソニーと米国CBS（コロムビア・ブロードキャスティング・システム）の合弁契約によって生まれ、南沙織、天地真理《あまち》、郷ひろみ、山口百恵《ももえ》、キャンディーズなど、70年代のアイドルブームに乗って、邦楽部門が急成長、業界1位のレコード会社として君臨することとなる。

CBSソニーの設立と同時に、1人の男が、広告会社からCBSソニーに転職してくる。その男の名は、丸山茂雄。次項で述べる「ミスターEPICソニー」にして、80年代EPICソニーの躍進を陣頭指揮する「ロックの丸さん」である。

仙台営業所（東京営業所仙台出張所）の2年、「CBS・ソニー香港《ホンコン》」の2年を経て、72年に東京に戻って来るのだが、丸山茂雄は、アイドルの仕事がどうにも性に合わない。当時は歌謡曲の「賞レース」全盛期で、レコード会社の社員も、担当するアイドルにレコード大賞の各賞を獲らせる接待に躍起になるのだが、そういうのが特に合わない。

78年は入社10年目。37歳のときに驚きの辞令が下り、EPICソニーの邦楽部門を任される。小澤敏雄（元CBSソニー社長）に「40〜50人のスタッフを連れて好きなようにやれ」と言われたという（『週刊東洋経済』11年11月26日号）。

この瞬間に、80年代EPICソニーという大河の一滴が垂らされたことになる。大河が流れていく方向はもちろん——ロックだ。

しかし、ここが実に興味深いのだが、EPICソニーという名の大河がロックに向かっていったのは、丸山自身がロックを志向していたわけでは決してなく、ただ歌謡曲が、レコード大賞が嫌だったからに過ぎないという点である。

> だから、一般的に言われているように、ロックが好きだから、おれがエピックをつくったとか、ロックが好きだからロックを仕事にしてきた、っていうんじゃないの。もう全然違うの。レコード大賞を獲るとか獲らないとかっていうことと関わらないですむジャンルがロックだったから、おれはロックやったの（笑）。
> （丸山茂雄『往生際』ダイヤモンド社）

新聞に半ページの広告が掲載される。そこには「経験不問」と堂々と書かれている。音楽業界以外から、野心的な若者がどんどん採用される。オフィスは完成して間もない新青山ビル（青山ツインタワー）。当時のオフィスは、このような感じだったという。

この頃の南青山ツインタワー8階のオフィスは、さながら大学のサークルの雰囲気だった。イエローカラーに統一された採光のいい明るい社内。あちこちにはためく阪神タイガースの小旗。時代の先端を行くファッションの社員たち。ここから何か新しいものが生まれそうな予感がする…。訪れたメディア関係者は一様に感じていた。

（日経エンタテインメント！編『日経エンタテインメント！ 80's名作Special』日経BP社）

この年、タイガースは絶不調で、5位のドラゴンズから10・5ゲームも離され、球団創設以来初の最下位に沈む。しかし、タイガースの小旗がはためくEPICソニーは躍進を続け、来る80年代、CBSソニーという「巨人」に立ち向かっていくのである。

## 丸山茂雄という男

服装はいつも、紺のブレザーにポロシャツ、ジーパン、スニーカー。人呼んで「ロックの丸さん」――音楽家としての「ミスターEPICソニー」が佐野元春ならば、経営陣の中での「ミスターEPICソニー」は、何といっても丸山茂雄ということになる。

1941年（昭和16年）生まれ。66年に早稲田大学商学部卒業（ちなみに小坂洋二氏も早大卒）、広告代理店の読売広告社を経て、68年にCBSソニー入社。80年代EPICソニーの黄金時代を築いた後、92年に株式会社ソニー・ミュージックエンタテインメント（SME。後述のように、CBSソニー、EPICソニー他を統合した法人）の代表取締役副社長、そして98年には同社社長にのぼりつめる。

また、93年から07年までは、株式会社ソニー・コンピュータエンタテインメント（SCE）取締役として会長などを歴任、プレイステーションを成功へ導く――。

これを「きらびやかな経歴」と言わずして、何が「きらびやかな経歴」だろうかと思わせる。しかし、先の服装に表れているように、いわゆる「エリート・サラリーマン」の像とは、ちょっと違う、いや、大分かけ離れている人だった。

丸山茂雄の著書＝13年にダイヤモンド社から発売された『往生際』。いわゆる闘病本なのだが（07年に食道がんを罹患《りかん》）、闘病本にしては、タイトルだけでなく、表紙や帯の文言が、何ともゆるい。

「〝いい加減な人生〟との折り合いのつけ方」

「〝ロックの丸さん〟が末期がんに！余命数ヵ月!?」

「人生ラッキーだったからまあいっか（笑）」

「末期がん」という逆境に「まあいっか（笑）」と来る、この明朗快活なトーン、このキャラがあってこそ、青山ツインに集まった個性的・野心的な若者を惹き付け、80年代EPICソニーの躍進を牽引《けんいん》したのだろう。さらに表紙の帯には、小さい吹き出しがあり、中にこう書かれている。


「でも丸山ワクチン打ってるよ」


そう、丸山茂雄は、がん治療に効果があるとされる丸山ワクチンの開発者＝丸山千里《ちさと》のご子息なのだ。

「医学者のご子息」と聞くと、さぞかし裕福な出だと想像されるが、こちらもそうではなかったらしく、『往生際』によれば丸山千里は、その先端的な研究が疎んじられ、医学界でも異端児扱いされて苦労したそうで、また大学病院（日本医科大学）でも干されたりした結果、茂雄いわく「おれたち子どもは経済的にひどい目にあった」のだそうだ。

丸山ワクチンは81年に有償治験薬として認められ、また91年には、丸山ワクチン濃厚液が放射線療法副作用の抑制剤として認可、全国の病院で使われることになるのだが、私が注目するのは、丸山千里が茂雄に与えた影響である。

歌謡曲嫌い・レコード大賞嫌いを貫き、「ロック・レーベル」を成功に導いた丸山茂雄の自由闊達《かったつ》な反骨精神の背景には、父親の存在が濃厚に影響しているのではないかと思うのだ（余談だが、丸山の母方の祖父は「日本野球の父」にしてキリスト教社会主義者の安部磯雄であり、その間接的な影響もあるかもしれない）。

時は流れて00年、丸山茂雄はSME社長の座を、自ら退く意思を固める。それを報じる『日経ビジネス』（01年2月12日号）の記事タイトルは『自ら課した『巨人軍4番』の成績残せず辞任』。99年3月期に上場初の赤字に陥り、新人が育っていない、大ヒットも生み出せていない状況を鑑みての判断だったという。

音楽業界におけるソニー・ミュージックエンタテインメント（SME）は、プロ野球で言えば巨人軍、そしてその社長は4番バッター。私には、そんな自負がありました。打率で言えば3割2分、ホームラン30本以上は打たないといけない。しかし私の実績は、まあ2

割8分の25本くらいか——。

78年、タイガースファンの社員の力で躍進への第一歩を踏み出した丸山茂雄が、その22年後、「巨人軍の4番」になれなかったという理由で、トップを辞任するという皮肉。

00年11月1日、辞任を決意する直前に開催された、幹部250人に対する経営方針説明会において丸山茂雄は、いつものブレザーを脱ぎ捨て、紺のスーツに身を包んでいたという。

## CBSソニーのロック

「EPICソニーがタイガースならば、CBSソニーは巨人」という比喩は、当時の音楽シーンを知っている方々ならば、感覚的に納得できるものだと思う。

私自身の感覚としても、80年代のCBSソニーには王者の風格を感じていた。V9を成し遂げた昭和40年代の巨人のようなイメージで見ていた。

何といってもブランドイメージが最強である。米国メディアの3大ネットワークの1つ=「CBS」（Columbia Broadcasting System）の後に「ソニー」が加わるのだから。今でも高いブランド力を保持しているソニーだが、トリニトロンとウォークマンに裏打ちされた当時のソニー・ブランドは最強だった。

さて、70年代のCBSソニーがアイドルで盛り上がったという話を書いたが、80年代CBSソニーにはロックの香りがした——浜田省吾、尾崎豊、レベッカ、米米CLUB、ユニコーン、プリンセスプリンセス等々。EPICソニー並みに、いや、EPICソニーを超えた「ロックの巨人」としての陣容に見える。

しかし今回、アルバムの売上枚数を確かめてみると意外なことに気付くのである。70〜80年代のLPの売上（つまりCDを含まない）をまとめた『オリコンチャートブック：1970—1989 LP編』の「作品別セールス・邦楽」100位までに、CBSソニーのアルバムが17枚入っている。つまりは全体の17%だから、さすがの高い比率である（ちなみにEPICソニーのアルバムは0枚）。

問題は、その17枚の中身である。大滝詠一と吉田拓郎が2枚で、五輪真弓《いつわ》、レベッカ、久保田早紀、岸田智史が1枚ずつ。残り9枚は、何とすべて松田聖子の80年代のアルバムなのだ。

つまり、CBSソニーとは、特に80年代においては「ロックの巨人」以上に、まずは「松田聖子のレコード会社」だったのだ。それなら、100位以内にサザンオールスターズを5枚送り込んでいるビクターのほうがよほど「ロックの巨人」だし、松任谷《まつとうや》（荒井）由実7枚、オフコース5枚、アリス4枚という東芝EMIは、さしずめ「ニューミュージックの巨人」であろう。

『オリコンチャートブック：1970―1989　LP編』の続編が『オリコンチャート・ブック：1987―1998　アルバムチャート編』。こちらは、87年以降のCDを含むアルバム売上をまとめたデータブックなのだが、その中の「ALBUM TOP 100（87・10・7〜98・11・30）」における、CBSソニーの後継＝ソニーレコードのアルバムは8枚、うち邦楽はたった5枚に落ち込む。

米米CLUBが2枚＝『Octave』（44位）と『Decade』（79位）。プリンセスプリンセスが2枚＝『PRINCESS PRINCESS』（88位）と『SINGLES 1987-1992』（96位）、残る1枚がthe brilliant green『the brilliant green』（87位）という構成（ただし、これらの売上枚数はすべて100万枚を突破していて、90年代CD市場の爆発を示している）。

ちなみに、EPICレコード（旧・EPICソニー）のアルバムは11枚、うち邦楽10枚とソニーレコードを大きく上回る。その内訳は、ドリームズ・カム・トゥルーが9枚（吉田美和のソロ1枚含む）、JUDY AND MARYが1枚で、当時のドリカムの圧倒的な勢いが見て取れる。

では、この「ALBUM TOP 100」の上位のラインナップはどうなっているのか。

■歌手名『アルバム名』（売上枚数・万枚）／レコード会社
1位　B'z『B'z The Best "Pleasure"』（503・5）／ROOMS RECORDS

2位　GLAY『REVIEW ～BEST OF GLAY～』（465・1）／PLATINUM
3位　B'z『B'z The Best "Treasure"』（429・2）／ROOMS RECORDS
4位　globe『globe』（413・6）／エイベックス
5位　Mr.Children『Atomic Heart』（343・0）／トイズファクトリー
6位　Every Little Thing『Time to Destination』（340・3）／エイベックス
7位　安室奈美恵『SWEET 19 BLUES』（336・0）／エイベックス
8位　Mr.Children『BOLERO』（328・3）／トイズファクトリー
9位　globe『FACES PLACES』（323・9）／エイベックス
10位　ドリームズ・カム・トゥルー『The Swinging Star』（322・7）／エピックレコード
（レコード会社の表記は『オリコンチャート・ブック：1987―1998　アルバムチャート編』内の表記に準じている）

歌手名、アルバムタイトルの横文字の多さも印象的だが、さらに印象に残るのは、80年代には存在しなかった新しいレコード会社が、上位を席巻していることである。

そして、そんな新しい潮流に、ソニーレコードが追いつけていないという事実――。

以上より分かることは、80～90年代のCBSソニー～ソニーレコードは決して「ロックの巨人」ではなかった、少なくとも「ロックの巨人」を象徴するようなメガヒット・アルバムに恵まれていなかったということである。

言わば、ホームラン30本以上打てる4番打者のいない「ピストル打線」――そんな状況が、先に書いた丸山茂雄の辞任の背景にあったのだ。

## EPICソニーの洋楽

EPICソニーの邦楽を考えるにあたっての補論として、「80年代EPICソニーの洋楽」についても触れておく。なかなかに個性的な顔ぶれであり、これらの洋楽の成功が、邦楽にも好循環を与えたと考えるからである。

まずヒットチャートに飛び出たのはノーランズだ。アイルランド出身の姉妹グループ。驚くべきは、80年7月発売の《ダンシング・シスター》（I'm in the Mood for Dancing）が、オリコン1位（それも洋楽チャートではなく、邦楽も含めた総合チャートで）を獲得しているということだ。続く同年の《恋のハッピー・デート》（Gotta Pull Myself Together）も9位。シャネルズとともに、EPICソニーの社内に活気を与えているさまが想像できる。

少し変わり種では、フリオ・イグレシアスもEPICソニーだった。一種のセックスシンボル的にもてはやされたスペイン出身のシンガー。82年10月発売の《黒い瞳のナタリー》

（Nathalie）が15・1万枚の中ヒット。フリオについて特筆すべきは、アルバムが結構売れたことで、同82年10月発売の『愛の瞬間《モメント》』（Momentos）は45・7万枚を売り切っている。余談だが、故・ナンシー関がフリオを「すごく売れている中条きよし」と表現したのが忘れられない。

さらに懐かしいのはメン・アット・ワークだ。こちらはオーストラリア出身の5人組バンド。82年の《ノックは夜中に》（Who Can It Be Now?）、続く83年の《ダウン・アンダー》が米国ビルボードで1位を獲得。日本でもアルバム『ワーク・ソングス』（Business As Usual）が19・4万枚売れている。

84年のEPICソニー洋楽を賑《にぎ》わせたのはシンディー・ローパー。84年2月の《ハイ・スクールはダンステリア》（Girls Just Want to Have Fun）から《タイム・アフター・タイム》《シーバップ》とシングルを連発。アルバム『N．Y．ダンステリア』（She's So Unusual）は売上枚数23・7万枚。

ここまで書いて気付いたのだが、EPICソニー洋楽は邦題がふるっている。"I'm in the Mood for Dancing"が「ダンシング・シスター」、"Girls Just Want to Have Fun"が「ハイ・スクールはダンステリア」と、原義をほぼ無視して、それでも日本という国で、そのシングルを売るために特化したポップな邦題が、ヒットに大きく貢献したと思われる。最高なのは"Who Can It Be Now?"＝「いったい、今頃誰なんだよ？」を「ノックは夜中に」とするセンス。

話を戻すと、54・8万枚と売れに売れたアルバムが、84年11月発売のワム！『メイク・イット・ビッグ』。カセットテープのCMソング《フリーダム》に、郷ひろみと西城秀樹のカバー競作となった《ケアレス・ウィスパー》、そして《ウキウキ・ウェイク・ミー・アップ》(Wake Me Up Before You Go-Go) というヒット曲満載のアルバム。

以上、「80年代の洋楽」を振り返ってきたが、大事な面子《メンツ》を残しておいた。先に紹介した『オリコンチャートブック：1970―1989 LP編』において、「作品別セールス」の洋楽部門1位を獲得したアルバムも、実はEPICソニーだったのだ。

――マイケル・ジャクソン『スリラー』

売上枚数何と96・6万枚。オリコンデータにおける売上枚数は、巷間《こうかん》伝えられる数字に比べて少なくなるが（その上、この数字はLPに限っている）、100万枚に手が届きそうな数字になっている。ちなみに「作品別セールス」の邦楽部門で100万枚を超えているのは、以下の2枚のみ。

・井上陽水『氷の世界』（131・4万枚）

・寺尾聰『Reflections』（114・8万枚）

続く小椋佳《おぐらけい》『彷徨《さまよい》』は91・2万枚と『スリラー』を下回る。いかに『スリラー』のヒットぶりがすごかったかということが、改めて分かる。

マイケル・ジャクソンに加えて、ノーランズ、フリオ・イグレシアス、メン・アット・ワーク、シンディー・ローパー、ワム！。これらの洋楽ヒットが、80年代EPICソニー邦楽部門快進撃への、言わば兵糧になっていたのである。

## EPICソニーのアイドル

歌謡曲嫌いの丸山茂雄が立ち上げたこともあってか、EPICソニーのアイドルのラインナップは極めて貧弱と言わざるを得ない。

実は、78年の「株式会社EPIC・ソニー」設立以前にも、CBSソニーの一レーベルとしての「EPIC」が存在したのだが、その傘下で成功した女性アイドルが1人だけいる。浅田美代子だ。

73年4月のデビュー曲《赤い風船》が、TBSの人気ドラマ『時間ですよ』のタイアップ効果もあって、オリコン1位を獲得。以降、2年半にわたって計10曲をチャートインさせている。

「EPICソニー以前のEPICレーベル」として、もう1人挙げるとすれば、麻生《あそう》よう子だろう。こちらもデビュー曲《逃避行》(74年)が14・8万枚の中ヒット。

大ヒットには至らなかったものの、ギルバート・オサリバン《アローン・アゲイン》(72年)を意識したであろう都倉俊一による流麗なメロディと、それを的確に歌いこなす歌唱力によって麻生は、74年のレコード大賞最優秀新人賞を受賞。ただし麻生は、アイドルというよりは「女性シンガー」という感じだったのだが。

特筆すべきはこの2人くらいで、後は、高見エミリー(故・鳩山邦夫夫人)、鶴間エリ、長谷《はせ》直美、三純《みすみ》和子、ハイソサエティー……と正直、楽曲が思い浮かばない面々となる。70年代のアイドルブームで隆盛を極めるCBSソニーの中で、言葉は悪いが、亜流的なレーベルだったのだろう。

「アイドル冬の時代」ならぬ「アイドル冬のレーベル」状態は、「株式会社EPIC・ソニー」設立以後も続く(なお、第一章にも書いたように、渡辺美里や小比類巻かほるにもアイドル的要素が多分にあったと考えるが、ここではひとまずおいておく)。

まずは大滝裕子。アイドルとしての楽曲はヒットには至らなかったものの、後に3人組のコーラスグループ「AMAZONS」を結成し、久保田利伸のバックコーラスなどで知名度を得る人。しかし一般的には、20年の志村けん死去に伴い、志村と過去に交際していたことが報じられた歌手としてのイメージが強いだろう。

アイドル時代の印象的な作品には《恋のウォーミング・アップ》（80年）があるが、残念ながらオリコン圏外。渡辺プロダクションで、大手飲料メーカーのタイアップが付きながら、チャートインすらできなかったあたりに「EPICアイドル」のツキのなさを見る。

河合夕子という名前を憶えている人は、どれくらいいるだろう。カーリーヘアに丸メガネの、ちょっとポップな見てくれの女性シンガー。81年に《東京チーク・ガール》でデビューするも、こちらもオリコン67位にとどまる。「EPICアイドル」のツキのなさは続く。

後に「C・C・ガールズ」の一員として名を成す藤原理恵も「EPICアイドル」出身。工藤静香、国生さゆり、渡辺美里、網浜直子、松本典子が競った激戦の84年「ミス・セブンティーン」で準ミスを獲得（グランプリは網浜直子と松本典子）。こちらはやっとチャートインするも、85年の2枚のシングル《愛よファラウェイ》《ほんとのキスをお返しに》がそれぞれ96位と93位にとどまる。

という背景を考えると、おニャン子ブームという追い風があったとはいえ、デビュー曲《深呼吸して》から4曲連続1位を成し遂げた渡辺満里奈が、「EPICアイドル」として、いかに奇跡だったかが分かろうというものだ。

《深呼吸して》の項でも書いたように、渡辺満里奈は「EPICアイドル」からサブカルチャー方面に活動を移していく。その到達点とも言えるのが、96年発売のアルバム『Ring-a-Bell』だ。何といってもプロデュースが大瀧詠一。作者として佐野元春や平井夏美、萩原健太が参加、演奏も鈴木茂をはじめとする「大瀧ロック人脈」が脇を固めている。

言わば、唯一成功した「EPICアイドル」でさえ、ロック人脈に接近していく。さすが、「ロック・レーベル」である。

## 「EPIC・ソニー」の終焉

現・ソニーミュージックグループのサイト（https://www.sme.co.jp/）に「沿革」というコーナーがあり、EPICソニーやCBSソニーにまつわる極めて重要な事実が、さらっと書かれている。以下抜粋。

・1983年8月：
（註：株式会社CBS・ソニーが）会社名を株式会社CBS・ソニーグループと変更。当社の企画制作部門を、株式会社CBS・ソニーとして分離。

・1988年1月：

（註：株式会社ＣＢＳ・ソニーグループの親会社である）ソニー株式会社が米国CBS Inc.の所有していた当社の全株式を買収。

・１９８８年３月：

（註：株式会社ＣＢＳ・ソニーグループが）株式会社ＣＢＳ・ソニー、株式会社ＥＰＩＣ・ソニー、ＣＢＳ・ソニーレコード株式会社および株式会社ソニービデオソフトウェアインターナショナルの４社を吸収合併。

・１９９１年４月：

（註：株式会社ＣＢＳ・ソニーグループが）会社名を株式会社ソニー・ミュージックエンタテインメントと変更。

何が起きているかというと、最も鮮烈な事実として「株式会社ＥＰＩＣ・ソニー」が88年3月に消滅しているのである。そして「ＥＰＩＣ」は、「株式会社ＣＢＳ・ソニーグループ」の中の一レーベルとなるのだ。

私の手元にあるＣＤを確かめてみる。88年の3月21日発売の岡村靖幸のアルバム『DATE』

の裏ジャケットには「Epic/Sony Inc.」（＝株式会社ＥＰＩＣ・ソニー）と書かれているのだが、翌月88年４月21日発売、佐野元春のライブアルバム『HEARTLAND』は「Epic/Sony Records」と変わっている。

「ＥＰＩＣソニー」がなくなった。巨人・ＣＢＳソニーに追いつき、追い越せと頑張ってきたタイガース＝「ＥＰＩＣソニー」がなくなってしまった――。

丸山茂雄は後にこう語っている。

ＥＰＩＣを大きくして、いずれはＣＢＳ・ソニーを吸収してやろうと思っていました。ＣＢＳに戻る気もない。それがＣＢＳ・ソニーが上場することになり（筆者註：91年11月にＳＭＥが東京証券取引所市場第二部に上場）、ＥＰＩＣは吸収合併されてしまいました。

（『週刊東洋経済』11年11月26日号）

淡々と語っているが、文字の隙間から悔しさがにじみ出てきそうな発言である。対して、後述の小坂洋二インタビューで、小坂氏はこう語った。

想像するに、丸山さんも胸中複雑で穏やかじゃなく、悔しく思ったかもしれません。ソニーという大企業になると、私なんかが及ばない思惑が、上層部のほうで交錯していますから。私自身も、正直に言いますと、挫折というより諦めを感じました。風船が風に流されていつかしぼんでいくように、情熱は冷めていきましたね。

そんな大変化が起きた88年だが、当時EPICソニーの熱心な聴き手だった私は、EPICソニーの激動を全く感じることはなかった。それどころか、キラキラしたEPICワールドが、未来永劫《えいごう》、永遠に続くものだと思っていた。

しかし、EPICソニーの激動も影響したのかもしれない。第一章にも書いたように、88年あたりを境として、EPICワールドが、徐々に輝きを失っていく。ドリームズ・カム・トゥルーを核とする「シン・EPICソニー」の方向に、カーブを切っていく。

昭和とほぼ同時に、実体としてのEPICソニーは、その幕を閉じていたのだ。

## 2　ＥＰＩＣソニーの「意味」

### ＥＰＩＣソニーとは「ロック」だった

「80年代のＥＰＩＣソニーを一言で言えば？」と問われると、私を含めた同世代のＥＰＩＣソニー・ファンは「ロックだ」と答えるだろう。「日本初のロック・レーベル」と答えるかもしれない。

背景には、ＣＢＳソニー時代に、レコード大賞などの「賞レース」にまつわる仕事が嫌で嫌でしょうがなかった丸山茂雄の意志があった。その結果、初期のＥＰＩＣソニーは、賞レースはもちろん、歌番組にも消極的になり、「（音楽をゆがめる）テレビはないものと思え」が合言葉になっていたという。

また、ニューミュージックの香りが弱いのも、ＥＰＩＣソニーの特徴と言える。それでも、ＥＰＩＣソニー初のヒット＝ばんばひろふみ《SACHIKO》（79年）は、ニューミュージックの香りがぷんぷんするが、それ以降「ＥＰＩＣニューミュージック」は、完全に鳴りを潜める。

歌謡曲のアンチテーゼとしてのロック。ニューミュージックのアンチテーゼとしてのロック。

それは「歌謡曲のCBSソニー」や「ニューミュージックの東芝EMI」のアンチテーゼとしてのロック。

そんなロックを代表し、牽引したレコード会社、EPICソニー――。

しかし、話をややこしくするようだが、ここで、EPICソニーの代表選手の1人を「ロックじゃない」と息巻く少年に登場してもらう。少年の名は「ラジヲくん」。何を隠そう、私が著した『恋するラジオ〜Turn on the radio』(ブックマン社)という「音楽私小説」の主人公だ。第3章「早稲田のレベッカ(1986kHz)」より。

しかしラジヲは当初、レベッカや渡辺美里を認めていなかった。いや、実際は「認めてはいけない」と思っていた。「あれはロックじゃないから」。「ロックか、ロックじゃないか」――今となっては笑い話となるが、当時の音楽少年にとっての評価軸として、それはとても切実なものだった。一種の踏み絵のように。そして、ラジヲなりの評価算定結果として、レベッカや渡辺美里は「ロックじゃない」と結論付けられたのだ。なぜならば、音楽は「ロック」っぽいけれど、顔がアイドルみたいに可愛いじゃないか。可愛い女の子は「ロック」じゃないんだよ。

白状すれば、これはそのまま、80年代中盤における私の見立てである。ただ、その根拠は脆弱《ぜいじゃく》なもので、当時の渋谷陽一的／ロッキング・オン的価値観の中に、レベッカや渡辺美里が入っていなかった（ように見えた）ことや、もっと表面的に、NOKKOや渡辺美里のルックスが可愛かったことも「ロック的」ではないという判断要素になったのだ。

逆に言えば、当時の私にとっては、ロッキング・オン的な理屈っぽい評論に堪え得る理論的根拠を持つ、しかめっ面の、そんなにハンサムではない男性による自作自演音楽しか「ロック」ではなかったのだ。今となっては、何と狭量な見方だろうと呆れるが。

もっと分かりやすく言えば「渡辺美里はミス・セブンティーンのコンテストに出たんだから、アイドルであってロックじゃない」という見方・考え方。

ただ、事実として、80年代中盤までの日本の「ロック観」には、そういう狭く湿った視点が、多分に含有されていたのだ。

ここで重要なのは、EPICソニーが、そういう狭量な「ロック観」のアンチテーゼでもあったということ。

渡辺美里《My Revolution》（86年）の項で私は、「歌謡曲とニューミュージックとロックのど真ん中ということになる。それぞれから等距離で、かつそれぞれの要素をうまくすくい取った音楽」と書いた。

つまり「歌謡曲とニューミュージックとロック」からなる三角形の中点にある音楽を、ロックの名の下に確立し、ビジネス化に成功したということ。これがEPICソニーの最大の功績の1つだと思うのだ。

EPICソニーは、歌謡曲のアンチテーゼ、ニューミュージックのアンチテーゼでありながら、それらの美味しい要素をしたたかに抽出し、（旧文脈の、ラジヲ君文脈の）ロックとうまく中和させることで、（新文脈の）「ロック」という新市場を作り上げたのだ。

言い換えれば、はっぴいえんど《春よ来い》（70年）やキャロル《ルイジアンナ》（72年）など日本ロックの原点と《My Revolution》との間にある途方もない距離が、EPICソニーの功績なのだ。

さらには《My Revolution》と最近のJポップとが、極めて近接した感じで聴こえること、これもEPICソニーの功績。

「椎名林檎《しいなりんご》はホリプロタレントスカウトキャラバンに出たんだから、アイドルであってロックじゃない」と息巻く者など、もうどこにもいないだろう。時代はEPICソニーを飲み込んだのだ。

## EPICソニーとは「映像」だった

MV（ミュージックビデオ）の存在も大きかったですね。EPIC・ソニーでは、マイケル・ジャクソンの『スリラー』を見た丸山さんが「これで行く！」と方針を固めた。我々にとっては、テレビ局に頭を下げて歌番組に出なくても、映像表現できるツールを手に入れたということでした。

小坂洋二氏の発言（『日経エンタテインメント！ 80's名作Special』）。当時のEPICソニーの楽曲を思い出そうとすると、その楽曲にまつわる映像も併せて思い出される。EPICソニーの楽曲プロモーションの最前線に、映像が置かれていたからだ。

また、この小坂発言は、前項の「テレビはないものと思え」という合言葉ともつながってくる。ここで言う「テレビ」は「歌番組」のことだった。そして、テレビの電波を活用する歌番組以外の方法として、当時的に言えば「PV」、現在の「MV」があった。

「ビデオ班」を立ち上げ、EPICソニーの社員とミュージシャンが、二人三脚でPVを制作。そこでできた映像を、全国で行われる「ビデオ・パーティ」で地道に浸透させる——派手派手しく見える80年代EPICソニーの成功の陰で、このような地道で草の根的な取り組みが進められていたのだ。

大江千里《十人十色》(84年)、佐野元春《Young Bloods》(85年)、LOOK《シャイニン・オン　君が哀しい》(85年)、大沢誉志幸《Dance To Christmas》(88年)――すべて、メロディと映像がタッグを組んで浮かんでくる。

ここでEPICソニーの映像戦略におけるキーパーソンを1人、紹介しておきたい。坂西伊《さかにしい》作《さく》。先の「ビデオ班」の先頭に立ってカメラを回し続けた人だ。ウェブサイト『TOweb』における坂西氏の紹介文(16年)。

坂西氏はエピックソニーの映像ディレクターとして、岡村氏をはじめ、TM NETWORKやエレファントカシマシ、JUDY AND MARY、真心ブラザーズなどのPVを手がけており、日本におけるプロモーションビデオの原型を作ったひとりといえる人物だ。1988年からテレビ東京で放送されていたエピックソニー制作による音楽番組『eZ』でもほとんどの映像を制作し、PVがお茶の間に認知された黎明期の一端を担った。ドキュメンタリーの質感がある作風は多くのファンを今なお魅了し続けている。

(TOweb『岡村靖幸音楽活動30周年記念上映　神保町シアターで1週間限定レイトショー

（「Peach どんなことをしてほしいのぼくに」）

『eZ』という名前が異常に懐かしい。80年代ＥＰＩＣソニーの勢いに乗って、先の「ビデオ班」の地道な取り組みを、地上波に乗せたような番組で、都会的で現代アート的な空気感の中で、ただただＥＰＩＣソニーのＰＶが流し続けられるという、ちょっと変わった、でも、今となっては忘れられない番組だ。

坂西伊作については、個人的には、『TOweb』の記事のタイトルに記されている岡村靖幸の主演映画『Peach どんなことをしてほしいのぼくに』（89年）の監督としての印象が強い。岡村の音楽にどっぷりとハマっていた大学4年生の頃に、私がリアルタイムで観た映画。

私は、当時の岡村靖幸の表現テーマを「バブル期のモラトリアム」だと読んでいるが、「バブル期のモラトリアム」に揺れ動く青年の姿をリアルに切り取った、鮮烈な作品だった。

09年5月23日、坂西伊作死去。享年51。あまりに若い。

映画『モテキ』（11年）などで知られる映画監督・大根仁は、「伊作さん監督の最高のドキュメンタリー」として、矢野顕子『SUPER FOLK SONG　ピアノが愛した女。』（92年）を挙げながら、09年5月28日、自らのウェブサイトにこう記した。

坂西伊作さんが亡くなったそうだ。

誰がなんと言おうと、90年代初期の日本のミュージッククリップ界は伊作さんがトップだった。

バカみたいに浮かれて、掛ける必要の無い金をかけ、技術とセンスばかり競い合ってたあの頃のミュージッククリップ界でただ一人、ストイックに音楽とアーティストに向かい合って傑作を作り続けた伊作さん。

本当に伊作さんだけが「粋」で猿真似じゃない日本人ならではのミュージッククリップを作り続けた人だった。

ずっと憧れていました。

## EPICソニーとは「タイアップ」だった

前項「EPICソニーとは『映像』だった」と関連して、EPICソニーの音楽家のブレイクにCMタイアップが強く貢献していたことも、第一章に書いた通りである。

ただEPICソニーのみならず、一般論として「80年代音楽シーンは『タイアップ』だった」と言える。CMタイアップがレコードの売上に貢献したのは、何もEPICソニーだけではなかった。

日本においてCMタイアップという手法を開発し、定着させたのは、資生堂である。

本来CMソングとは言うまでもなくそのCFに付随して存在するものであるが、これがCFから独立したかたちでレコード会社から市販され、ヒットした時、そこにもう一つの宣伝手段としての役割りが発見される。

（『資生堂宣伝史　Ⅱ　現代』）

・CMのBGMで楽曲を使う
・CMには音楽家の名前を小さく入れておく
・その楽曲をレコードで市販する
・CMとレコードが相乗効果をもって話題となる

あえて説明するまでもない、今でも使われている手法なのだが、この手法のイノベーターが資生堂であり、そして、この手法が一般化したのが80年代だったのだ。

ちなみに「タイアップ・イノベーター」の資生堂が、70年代後半に生み出したタイアップ・ヒットが、ダウン・タウン・ブギウギ・バンド《サクセス》（77年）、矢沢永吉《時間よ止まれ》（78年）、堀内孝雄《君のひとみは10000ボルト》（78年）、ツイスト《燃えろいい女》

（79年）など。

ここでポイントとなるのは、広告と楽曲の力関係である。80年代に入って、広告の側の力が楽曲を侵食し、結果、広告で取り扱われる商品のニオイが強いタイアップ楽曲が増えてくる。資生堂で言えば《燃えろいい女》のサビで、突然「ナツコ」（商品名）が出てくるのだが、あれは広告の力が楽曲を押し切った最初期の例だろう。

しかしEPICソニーのタイアップは、そのようなことがなく、楽曲と商品が見事に高め合っている、言わば「美しいタイアップ」が多い。ここらあたりにEPICソニーの才覚を見るのだ。

「美しいタイアップ」として、まず思い浮かぶのが、大沢誉志幸《そして僕は途方に暮れる》（84年）×日清食品カップヌードル。外国人の少女がキスするフリをする映像に、淡々と響く《そして僕は途方に暮れる》のサビ。

カップヌードルはその後、ハウンド・ドッグ《ff（フォルティシモ）》や中村あゆみ《翼の折れたエンジェル》（ともに85年）やEPICソニーからは鈴木雅之《ガラス越しに消えた夏》（86年）や遊佐未森《地図をください》（89年）などをタイアップ起用するが、正直、《そして僕は途方に暮れる》までの「美しいタイアップ」には至らなかった。

また、THE MODS《激しい雨が》（83年）×マクセルのカセットテープ「UDI」も「美しさ」では負けてはいない。こちらは、THE MODS本人たちもCMに出演し、この上ないお披露目効果を持った。キャッチコピーの「音が言葉より痛かった。」もTHE MODSらしく、理想的である。

また、こちらは広告ではなく、テレビ番組とのタイアップだが、87年から放映された日本テレビ系アニメ『シティーハンター』は、TM NETWORK、大沢誉志幸、岡村靖幸、鈴木聖美などが起用され、アニメとしての都会的な内容とリンクして、さしずめアニメ版『eZ』という感じだった。

と、EPICソニーの「美しいタイアップ」を見てきたが、そんなタイアップを量産できた大きな要因として忘れてはいけないのが、端緒としての、シャネルズ『ランナウェイ』（80年）の大成功だろう。

・商品（パイオニアのラジカセ）の名前も曲名も「ランナウェイ」
・歌い出しがサビからで、歌詞はいきなり「♪ランナウェイ〜」
・少年が家出しようとするCMのストーリーと歌詞の内容も、ほぼ同一

そして、このタイアップから約100万枚の大ヒットが生まれ、海の物とも山の物ともつか

ない新人バンド＝シャネルズが劇的にブレイク、ＥＰＩＣソニー邦楽の屋台骨を作り上げるのである。

つまりは「ＥＰＩＣソニーとは『タイアップ』だった」どころか、そもそもＥＰＩＣはタイアップから生まれたのである。それもとびきり美しく、とびきり劇的な。

## EPICソニーとは「東京」だった

ＥＰＩＣソニーの時代だった80年代は、「東京」の時代でもあった。

70年代後半の時代の寵児《ちょうじ》＝沢田研二《TOKIO》（80年）。80年代前半の時代の寵児＝ＹＭＯ（イエロー・マジック・オーケストラ）《テクノポリス》（79年）。この２組が、70年代と80年代の継ぎ目に、「TOKIO」というキーワードを宣言したことは、象徴的だ。

沢田研二やＹＭＯのみならず、例えば「クリスタル族」や「竹の子族」など、当時の流行風俗的なキーワードをたくさん集めてみても、それらの多くは「東京」という概念で括《くく》れてしまう。

もちろん、その「東京」は、日本のシンボルとしての「東京」だ。電気製品や自動車を中心に、世界経済を席巻しつつある日本。「ジャパン・アズ・ナンバーワン」と言われた日本。その中心を成す、眠らない都市＝「東京」。

話が大きくなってしまったが、このような「東京最強時代」にリンクした「東京」的イメージをまとったことが、ＥＰＩＣソニー成功要因の１つだと思うのだ。『１９８４年の歌謡曲』という本で私は、84年当時の音楽シーンにおける中心思想を「東京人による、東京を舞台とした、東京人のための音楽」と表現した。言い換えると、当時の音楽シーンという書き割りの中では、「田舎者」など、どこにもいないことになっている。

そんな「東京」的気運を、うまく活用したのがＥＰＩＣソニーだったと思う。サウンドは言うまでもなく、ルックスやビジュアルなど、当時のＥＰＩＣソニーの作品を取り巻くあれこれが、見事に「東京」的なもので包まれている。

話にピンと来なければ、対極にＣＢＳソニーや東芝ＥＭＩを置いてみればいい。アイドルや、フォーク／ニューミュージックなどで、「田舎者」にも向いた、全国に支店を持つ「音楽のデパート」のような2社に対して、都会的なロックしか品揃えしていない、東京だけにある路面店がＥＰＩＣソニーなのだ。

ここでの「東京」を具体化すると、港区と渋谷区となる。赤坂・六本木の港区から、渋谷公園通り・原宿竹下通りの渋谷区までが、「東京最強時代」の言わば「首都の首都」だ。そして、この2つの区を合わせたエリアの中心にそびえ立っていたのが、ＥＰＩＣソニーが入っていた新青山ビル（青山ツイン）である。

佐野元春や大沢誉志幸、小室哲哉など、東京生まれのハンサムでクールな音楽家が、青山から東京へ、東京から全国へ、ロックを届けている。それ以外でも、大阪出身の大江千里や、ひいては青森出身の小比類巻かほるまで、都市のニオイがぷんぷんする音楽を生み出している。そして、彼（女）らの口から発せられる、「ビート」や「キッズ」「ストリート」などの言葉遣いが見事に決まっている。

ＥＰＩＣソニーサウンドに乗って、「東京」は存在感と影響力をますます高めている。「全国東京化計画」が着々と進行している。

80年代、ＥＰＩＣソニーは「東京」だった。

## つまるところ、EPICソニーとは「佐野元春」だった

以上、「ロック」「映像」「タイアップ」「東京」が80年代のＥＰＩＣソニーだったのならば、それらを取りまとめて、ＥＰＩＣソニーとは結局のところ「佐野元春」だったと言えるだろう。

勘違いしないでほしいのだが、本書は、佐野元春以外の楽曲も論評しているし、それらも含めた「群」としてのＥＰＩＣソニーを分析し、称賛する狙いの下に書いている。

ただ、「群」としてのＥＰＩＣソニーと同時に、ＥＰＩＣソニーの「核」を見極めたいとも思う。要するに、あのＥＰＩＣソニーの本質は何だったのか。80年代ＥＰＩＣソニーのキラキ

ラとした像のキラキラとした皮を剥いで、剥いで、残るもの。それが佐野元春であり、彼が創り出した音楽ではなかったか。

それを立証するのが、第三章に収めた小坂洋二氏のインタビューである。単に多くのリスナーを味方につけただけでなく、ＥＰＩＣソニー所属の他の音楽家、さらにはＥＰＩＣソニーの経営陣にまで波及する、佐野元春の存在感の大きさを浮き彫りにしている。

先の「ロック」「映像」「タイアップ」「東京」について、佐野元春と照合させていく。１つ目の「ロック」は言うまでもないとして、佐野の「映像」として思い出すのが、《Young Bloods》のＰＶだ。

この原稿を書いているときに、ソニー・ミュージックダイレクト公式サイト『otonano』にて「STAY AT HOME & WATCH THE MUSIC」という企画が始まった。要するに、コロナ禍におけるステイホーム時に、昔のＰＶを楽しもうという趣旨のもので、その中で、佐野元春の以下のＰＶがアップされたのだ。

・《Young Bloods》
・《約束の橋》
・《レインガール》

・《ヤァ！ソウルボーイ》

改めて見てみたが、やはり《Young Bloods》が印象的である。「竹の子族」や「ロックンロール族」「ホコ天」など、今よりも時代的な意味を背負っていた代々木公園脇広場においてのサプライズ収録。ビートルズの映画『レット・イット・ビー』（70年）の「ルーフトップ・コンサート」のように、遠巻きに眺める怪訝《けげん》な顔の人々の中心で、佐野元春が見事な身体的パフォーマンスを決める傑作PVだ。

また《Young Bloods》《約束の橋》《レインガール》については「タイアップ」も印象深い。《Young Bloods》は国際青年年（85年）のテーマソングとして、NHKで繰り返し流された。《約束の橋》は第一章でも書いたように、フジテレビ『二十歳の約束』の主題歌タイアップで大ヒット、《レインガール》（93年）は佐野元春本人も出演したトヨタ「カルディナ」のCMタイアップ。

そして、佐野元春と言えば「東京」。本書収録のインタビューで、とりわけ80年代に佐野が抱いていた「東京」「都市」に対しての強烈なこだわりが分かっていただけるかと思う。

80年代EPICソニーの皮を剝いで、剝いで、残るものが佐野元春だ。それすなわち、80年代EPICソニーの本質。

EPICソニーと佐野元春の蜜月時代は突然、終了した。その理由は、予想外のものだった。07年10月30日にウェブサイト『音楽ナタリー』に掲載された記事『[佐野元春]ネット時代の音楽ビジネスを語る』に、その経緯が詳しい。その記事の中の佐野の言葉を、少々長くなるが引用する。

しかし2004年、CCCDの問題が起こった。あのCCCDの問題。今日ここに集まってくれている賢明な皆さんであれば、CCCDがいかに重要な欠陥を持っているかわかっていると思います。ぼくは最初静観していました。ソニーがパッケージビジネスを守るために必死だということが伝わってきましたし、なによりもソフトウェアのダウンロードという人類初めてのアクションに対してみんなが怖がっていた。革新的な人々と保守的に昔ながらのやりかたを守りたい人が拮抗《きっこう》していた。そういう気配があった。しかしソニーはCCCDを実行してしまう。ぼくのCDにも不思議な暗号が埋め込まれ、ぼくのファンたちにもそれが何なのかもまったく説明されない。しかし賢いぼくのファンたちはそれがおかしいということに気がついた。

「ＣＣＣＤ」とは懐かしい言葉だ。「コピーコントロールＣＤ」のこと。当時のことを知っている音楽ファンは、「ＣＣＣＤ」の前に「悪名高き」というレッテルを付けて記憶していることだろう。名前の通り、ＰＣにおける違法コピーを防ぐためのＣＤ規格だったのだが、これがあまりに問題が多かったのである。04年11月30日に『ＡＳＡＨＩパソコンＮＥＷＳ』に掲載された『コピーコントロールＣＤを徹底的に総括する』という記事の要点を抜粋。

・ミニコンポやカーステレオなど通常のオーディオ機器で正常に再生できないケースがたくさんあった。
・日本で導入されているＣＣＣＤは、音質が通常のＣＤより劣っていた。
・「コピー防止」とは名ばかりで、実際には7～8割のパソコンで通常の音楽ＣＤと同様にコピーできた。

と、今から考えると、全く不十分な規格だったのだ。事実私も当時、島谷ひとみ《亜麻色の髪の乙女》（02年）のＣＣＣＤを購入し、自分のＰＣでうまく作動せず、レコード会社にクレームを入れたことを憶えている。

佐野元春の作品をCCCDでリリースしたいというソニー・ミュージックエンタテインメント（SME）と、佐野の間でコンフリクトが起きた。これが、佐野がEPICソニー／SMEを離脱する1つの引き金となった。さらには。

その頃もうひとつのできごともありました。「光」という曲。ぼくは9・11（筆者註：01年米国で起きた同時多発テロ）を受けて、ソングライターとして、こういうときこそ音楽にしかできない何かがあるはずだと思い、この曲を作って自分のプライベートスタジオでレコーディングをした。通常だったらそこからデベロッパーに渡して3ヵ月後にCDがリリースされる。でも9・11から3ヶ月も経ったら何の思いも共有できない。そこでMWS（オフィシャルウェブサイト）のスタッフに頼んでフリーダウンロード、MP3でリリースした。

1週間で8万件のダウンロードがあった。レーベルはすぐにぼくを呼びつけて「すぐに撤回しろ」と言った。でももうすでに8万件のダウンロードが行われている。そのことの本質を理解できるスタッフは1人もいなかった。もちろんぼくはソニーミュージックエンタテインメントと契約をしていましたから、こんなことをすれば現場のエグゼクティブはカンカンです。

このような状況の中、佐野元春とEPICソニー／SMEは、袂《たもと》を分かつ。そして佐野はインディペンデント・レーベル「DaisyMusic」を立ち上げる。

ぼくのフィロソフィーはすごく簡単なんです。レコードビジネスはロックンロール音楽に恩恵を受けている。ロックンロール音楽を愛するリスナーにベネフィットを落としていくということを最優先で考えなければならない。しかしCCCDはどうだろうか。まるで大人向けの論理だ。音楽を、楽しいロックンロールを売る側がおまえのことを信じてないよ、と言う。その関係の中で流通される音楽はクールなのだろうか、と自問自答して「違うな」と思った。彼らが喜ぶことをやらなきゃいけない。それでぼくは自分のレーベルをスタートした。それが、DaisyMusic。

04年7月に発表された佐野元春のアルバム『THE SUN』が「DaisyMusic」からの初リリース。「80年代EPICソニー」の本質が佐野元春ならば、「80年代EPICソニー」は、ここで完全に消滅することとなったのだ。

さようなら、ＥＰＩＣソニー。
あのＥＰＩＣソニー、キラキラしていたＥＰＩＣソニー、思春期の私をシビれさせて、東京へといざなってくれたＥＰＩＣソニー。

陽の光をさけながら　栄えているこの街角で
夜の天使たちが　スターダムにのし上がる
一歩踏み出せば　誰もがヒーローさ
もしそれが　誰かの罠《わな》だとしてもだ
朝が来るまで　君をさがしている

（佐野元春《君をさがしている（朝が来るまで）》）

# 第三章　ＥＰＩＣソニーの「人」

## 1　小坂洋二インタビュー

**小坂洋二**（こさか・ようじ）
1948年生まれ。兵庫県出身。早稲田大学第一文学部卒業。1970年、渡辺プロダクションに入社。布施明の担当となり、布施は《シクラメンのかほり》で1975年、レコード大賞を受賞する。1978年、設立間もないEPICソニーに入社し、佐野元春をはじめ、大江千里、TM NETWORK、渡辺美里、岡村靖幸など多数の音楽家を成功させ、プロデューサーとして大活躍する。2000年にパームビーチ設立、2008年、音楽業界を引退。

1980年代、EPICソニーのアルバムを買い（借り）、クレジットの上のほうに書かれている「YOJI KOSAKA」という文字を見つめて「この人はEPICソニーのサウンド作りの顔役なのだろうな、会ってみたいな、しかし怖い人だろうな」と勝手に妄想を繰り広げていた。あれから30年以上の月日が経ち、やっと巡り合えた小坂氏は、予想に反して物腰やわらかで、マイルドな口調に乗せて、当時のあれこれをオープンに語ってくれた。ただしシリアスなトーンが途中何度か混じり、インタビュアーとしては緊張感があったのも事実。中に出てくる丸山茂雄氏については氏の著書も含めて多くの記事や資料が出回っているが、小坂氏について現時点でまとまったものはほとんどなく、存在や姿を全く現していない。また、音楽業界を離れてから小坂氏は、インタビュー依頼をすべて断っていることもあり、そういう意味でこのインタビューは貴重なものとなると自負する。

## 大学時代は信州の小諸《こもろ》で農業をやっていました

――小坂さんは昭和23年（1948年）、神戸生まれ。子供の頃から音楽が好きでしたか？

**小坂**　ほとんど聴きませんでした。

――当時は何を？　野球少年でしたか？

**小坂**　自宅から甲子園が近くて。親が阪神ファンで、そのために六甲から甲子園の近くに引っ越したぐらいでね。うちにいると、観に行かなくても球場の歓声が全部聞こえてくるんですよ。テレビと実際の球場からの歓声がダブルになって聞こえてくるところに引っ越したぐらいで。

――当時の阪神ってどんなイメージですか？

**小坂**　あの頃も優勝はほとんどしてなかったです。小山、村山、江夏、外国人ではソロムコ、カークランドとかで、とにかく勝てなかったですね。藤本（定義）監督のときに優勝して、その後は85年ですか。

――ＥＰＩＣソニー設立当初、青山ツインンにオフィスがあった頃には、あちこちに阪神ファンがいたとか。

**小坂**　僕も丸山（茂雄）さんも、みんな早稲田なんです。早稲田と阪神に、どこかでつながるところがあるのかもしれません。勝てないのに熱狂的に応援する。今でもそうで、阪神ファンになると、まともに試合が観られない。特に巨人戦になると、どうせ負けるんだろうなと。

――じゃあ深読みすると、CBSソニーという「巨人」に対抗する「弱小阪神」としてのEPICソニー。

**小坂**　当時、全くCBSソニーには無関心でした。従来の歌謡曲ばかりで、ヒットを狙っているレーベルなんだろうな、と。眼中にもありませんでした。

――大学時代は、音楽よりも学生運動を真剣にやってらっしゃったとか。

**小坂**　学内に機動隊が入りロックアウト、高い授業料を払わせながら授業がないんです。で、僕は信州の小諸で4年間農業をやっていました。大学1年から卒業までずっと。ある農家に住み込んで、デモや集会があるたびに東京に戻ってました。

米を広い田んぼで作っていました。本格的に苗床を作り、田植えをし、稲刈り、収穫まで。またリンゴやブドウも手がけ、季節になると、朝早くから夕方までハードな農作業に従事し、全身くたくたの毎日でした。

農家の主は、いわゆるマタギでした。キジ撃ちや熊を仕留めるのに同行したり、野ウサギを捕まえたり、地バチの巣を地面掘って見つけたり。シマヘビや熊の肉、ウサギ、キジ、ハチの子、イナゴなどを食べていました。自給自足の生活です。

――そんな農業の4年間の生活から、どうして音楽の世界に入ったんでしょうか？

**小坂**　その頃から映画や本が好きで、映画は年間200本以上観ました。本は活字中毒なのか、文学から歴史、政治、経済、天文学、宗教とさまざまなジャンルの本を貪るように読《よ》み漁《あさ》っていました。

吉本隆明じゃないですが、この信州での4年間で自立の思想的基盤が培われたのです。知識や価値観、思考回路、他者との共存。その頃に吸収した養分が、その後の音楽世界での仕事に強く影響しています。ちなみに卒論は『大江健三郎とサリンジャー論』でした。この4年間が一番素敵で充実していた時間だったと今、しみじみ思います。

――そんな小坂さんがなぜ、芸能界のど真ん中、渡辺プロダクションに入られたのですか？

**小坂**　当時、早稲田に就職課があって、優の数に沿った推薦企業が貼り出されるのですが、私は農業従事者なので、優の数に関係ない自由応募の企業しか無理でした。僕は就職について、ほとんど考えたことはなかったんです。

僕は、農家で小中学生の家庭教師もやっていたんですよ。そのくらいの子供たちっていうのは流行《はや》っているものが好きですから、当時の日本で言えばグループサウンズ、またモンキーズやローリング・ストーンズなどに興味を持っていました。それに合わせて、その頃から私も、50年代や60年代の洋楽を、いっぱいラジオから聴くようになりましたね。知識を溜《た》め込んで、たまにはギターで歌ったりして、小中学生たちと団欒《だんらん》していました。僕にとっての音楽を聴く始まりは、子供たちとのコミュニケーションを図るツールというか、コンテンツのようなものでした。

——音楽業界に入られて、後に活躍される方というのは、もうちょっと早く、中学とか高校のときにビートルズに目覚めて、ロックに目覚めて、とかが普通ですよね。

**小坂**　僕は、文学や映画やスポーツのほうが好きだったようです。

——そんな学生が、あの渡辺プロダクションに入社する。

**小坂**　自由応募でしたし、子供たちが好きなグループサウンズの人がいるところだなと。ある人に勧められて、ひどい二日酔いの状態で入社試験に向かいます。試験会場が早稲田の文学部だったんですよ。そこならさすがに場所も分かる。

筆記や英会話とかの試験があるんですけど、試験の途中で気付いたんです。採点するのが面倒くさいのか、3択の設問で、選択肢の1番が正解なんです（笑）。

面接では、どこの組のおじさんたちかと思うくらい、ゲタ履きの人や強面ばかり。質問は「黛《まゆずみ》ジュンの『雲にのりたい』（69年）についてどう思う？」とか、そんな質問ですよ。

――どう答えるんでしょう?

**小坂**　忘れましたけど「プロの作家の人たちは、ヒット曲を作るのに一生懸命なんですね」とか。私の答え方や返し方を、面接官が観察しているんですね。

最終面接で、社長の渡邊晋《しん》さんに呼ばれまして「君を採用したほうがいいか、真っ二つに分かれている」と言われました。そして社長から「小坂君、極東アジアにおける日米安保条約について、どう思うか?」という質問を受けたんです。

――シビれる瞬間ですね。

**小坂**　さすが社長の質問の切り込み方でしたね。ここは、ある種の「踏み絵」かなと思いつつ、頭の中で選別した知識をまぶしながら、「体制内左翼」的な返し方をしたと思います。

## レコード大賞を5年以内に獲らせますよ

――そして、布施明さんのマネージャーになられたんですね。

**小坂**　新入社員研修があって、1週間ずつ、森進一、布施明、沢田研二、辺見マリとかに付かされるんですね。僕はことごとく皆さんとうまくいきませんでした。

PYGっていう、沢田研二とショーケン（萩原健一）のツインボーカル・グループがありまして、浜松市民会館（当時）で、彼らの2回公演がありました。1回目が終わって、会館裏の芝生で僕が寝転がっていたら、そこにショーケンが来たんですね。「お前は誰だ?」「なんで寝てんだ?」と言われ「今、休みでしょ、何か問題あるの?」と返しながら、「あんたは?」と言ったら、ショーケンが「歌手だ」って（笑）。

——すごいエピソードだなあ（笑）。で、小坂さんが担当していた頃に、布施明は《シクラメンのかほり》（75年）でレコード大賞を獲りました。

**小坂**　布施明さんは僕より1歳年上で、一度彼に「あなたはこの仕事で、何が欲しいんですか」って聞いたんですよ。そうしたら「尊敬だ、富だ、健康だ、名誉だ」と10個くらい言いました。名誉か、それならレコード大賞だと思って、「布施さん、レコード大賞獲ればいいんですね？　じゃあ5年以内に獲らせますよ」って言いました。5年じゃなく、4年で獲れました。

——すごい。私は《シクラメンのかほり》の前の《積木の部屋》（74年）が好きです。

**小坂**　「積木の部屋」ってタイトルは僕が付けたんですよ。

——じゃあ、あの布施明の一連のフォーク路線っていうのは……。

**小坂**　フォークだとは思っていません。その頃、彼はヒット曲にあまり恵まれていなかったので、もう少し、若者たちが実感できて、口ずさめるような曲がいいなと。

——それまでに《霧の摩周湖》（66年）とか《愛は不死鳥》（70年）とかが、ヒットしましたよね。

**小坂**　確かに素晴らしいヒット曲をたくさん生み出していますね。ただ時代のスピードは速い。やっぱり10代20代の若者たちがギターで歌ったり、彼女と口ずさんだりするものが売れるんじゃないかなと思いました。

――《シクラメンのかほり》は、どのようにして生まれたんですか？

**小坂**　僕は新曲を出すにあたって、勝手にいろんな作家の候補を挙げました。その中の1人が小椋佳さんです。そうしたら、小椋佳さんが自分で歌うもの以外で残っていたのが《シクラメンのかほり》でした。

布施明さんは、あまり乗っていなかったと思います。でも、彼は以前「レコード大賞が欲しい」と言ってたなと。当時の芸能界の背景や流れを見ていて、この曲は大賞を獲れる可能性があると思いました。というわけで、レコード大賞は受賞しましたが、その後の布施明さんにとって良かったのかどうか、分かりません。

――農業から芸能界。あまりの世界の違いをどう感じましたか？

**小坂**　渡辺プロダクション在籍中に一番印象に残っているのは、植木等《ひとし》さんと布施明さんと私、3人で1時間くらい話す機会があったことです。そのとき植木さんが「コメディアンとか人気商売は孤独だよ。でも孤独と仲良しになると、それはそれで、とても人生に彩りを添えるんだよ」「ただ孤立は少し痛みを伴うね」と、淡々と話されました。

そのとき、当時の早稲田のキャンパスにあった「連帯を求めて孤立を恐れず」と書かれた大きなタテカン（立て看板）を思い出したのです。「早稲田番外地」「とめてくれるなおっかさん」などの文字が、法学部の校舎の壁にスプレーで書かれていた、そんな時代のタテカンです。

今の私は「孤立」もそんなにネガティブに思わなくなりました。ただ、やっぱり怖いのは「孤絶」ですね。

――そしてEPICソニーへ。

**小坂**　渡辺プロダクションを辞めようと決めていたとき、神戸の叔父から、彼が経営している貿易会社を手伝ってくれという連絡がありました。英会話と珠算だけできるよう準備してほしいと。そして僕はボリビアに行く予定だったんです。いったん大阪の会社に入ってボリビア赴任という話にまでなっていたんです。同時にそのとき、ソニーの新しいレーベルが発足するので来てほしいという、熱心な勧誘があったのです。

「私は時間にルーズですし、ネクタイは絶対締めませんし、決められたスケジュールとか守れないし、僕なんか採ったら損をしますよ」と何度もお断りしたんですけどね。結局人間関係なども あって引き抜かれたんです。

すると入社して「地下に潜ってくれ」って言われたんです。つまり「表に出ないでくれ、会社に来なくてもいい」と。音楽業界にはいろんな力関係があって、まずは、そういう指示を受けたんです。

――珍しい転職ですね（笑）。

**小坂**　それから1年ちょっと会社に行ってませんから。自分の席はあるんですけど、机には少女漫画をずらっと並べていたりして、変な奴だなと、皆さんには思われていたようです。

――当時の丸山茂雄さんはどんな方だったんですか？

**小坂**　以前から名前は存じあげていました。初対面では、とても親しみやすさを覚える方でした。見た感じとか、話し方、話す内容からは、多少体育会的な雰囲気を感じましたが、相手のことにとても気配りする先輩でした。「阪神タイガースとラグビー好き」という点でも、分かり合えるものがありましたね。

## こんな素敵なアルバムができたことを、世界中は知っているのかな？

――で、佐野元春と出会う経緯を教えてください。

**小坂**　当時全国各地で、オーディションやコンテストが多数開催されていました。そこで、独自の方法で二百数本のデモテープを取り寄せ、会社のブースに籠もって、一日中聴いてました。結構疲れる作業なんですが、あるとき、聴き流しているテープを止めて、何度も聴き入ってしまう曲がありました。詞も曲も歌い方も、私自身がこんなに気になって、気に入って、心を奪われるようなことは初めてです。その《Do What You Like》《彼女》というタイトルの付いた楽曲を聴いて、すぐに本人に会ってみたいと思いました。その日のうちに連絡を取って、次の日に会うことになりました。

——どうでした？

**小坂**　初めてその青年と話していると、クレバーで、ロジカルで、ユーモアがあって、理想を描いている人だなと思いました。音楽は当然ですが、その人物に強く魅かれました。そして、彼と一緒に、この新しいレーベルで時間を共有していきたいと強く願いました。それが佐野元春との出会いでした。

その頃、彼はＦＭのラジオ局で、構成から選曲まですべて任された番組を制作していました。その関係でロサンゼルスに何週間か行くんですね。ロスに行って向こうの風に吹かれて、当時のロスですから、いろいろなロックミュージックに現地で触れて、自分の音楽の方向性を本人の中で決めていったんだと思います。

彼自身が作っていたデモテープのケースには１００本以上のテープがあり、そのほとんどに仮タイトルが付けてあり、またほとんどが英語で歌ったものでした。

——さっきの《Do What You Like》《彼女》も英語でしたか？

**小坂**　いや、それは日本語でした。でも英語歌詞の曲でも、彼の声に魅かれたのは確かですね。

——ＥＰＩＣソニーの歴史を考えるとやはり、小坂洋二と佐野元春の出会いが大きい。出会わなかったら、80年代の音楽シーンは大きく変わっていたと思います。しかし、あの《アンジェリーナ》も《ガラスのジェネレーション》（ともに80年）も、シングルとしては、何とオリコン圏外でした。

**小坂**　当時のＥＰＩＣには、まだロックミュージックを売るノウハウがなかったし、私自身も責任を感じていました。

——小坂さんが昔のインタビューで語られていた、アルバム『SOMEDAY』（82年）のレコーディングが終わった後に、佐野さんが「東京の片隅のこのスタジオで、こんな素敵なアルバムができたことを、世界中は知っているのかな？」と語ったというエピソードが素敵だなと思うんですけど。

**小坂**　空が白み始めた頃、彼は思わずそう言いましたね。

——『SOMEDAY』のアルバムを録《と》ったときっていうのは「これは行けるぞ」っていう感じになったわけですね。でもそれまでが長かった。

**小坂**　エンジニアの吉野金次さんからも、佐野君本人からも無言のプレッシャーを感じました。「このアルバムを、必ず若者たちの心をつかむアルバムにするんだ」というような。

——《アンジェリーナ》の話に戻りますけど、僕は、日本語の歌い方がとても新しいと思ったんですけど、小坂さんとしては、ああいうのは伝わらないんじゃないか、早すぎるんじゃないかって思いませんでしたか？

**小坂**　いえ、感動した彼のデモテープの延長線上にある曲でしたし、例えば、出だしの「♪シャンデリアの街で」も違和感なくいいと思いました。

――「♪シャンデリアの」にもびっくりしましたし、《スターダスト・キッズ》（81年）の「♪つかめるまで」の「本当の真実」という言い方も何か面白いし、「♪つかめるまで」の言葉の詰め方もすごくて、初めて聴いたとき、驚きましたね。

**小坂**　私自身は違和感なく、とても気に入っていましたよ。

――ちょっとテクニカルな話ですけど、僕が思うに、EPICソニーの音楽は、言葉を詰めるのがすごく多い。大江千里も、岡村靖幸も、小室哲哉作曲の《My Revolution》（86年）もそうだし、佐野さんの影響というのがEPICソニーのアーティストにあったんですかね。

**小坂**　そんなことはないと思います。むしろ、佐野君の影響を一番大きく受けたのは経営陣でしょう。

――経営陣？

**小坂**　経営陣の方々は、CBSソニーから来られた人ばかりでしたから、何かCBSとは違うものを佐野君に感じたと思います。

ちょっと後のことになりますが、89年に佐野君は、コンピューターのMacintoshをEPICにプレゼントしてくれたんです。経営陣が集まったところに運んできて。経営陣の中で、パーソナルコンピューターが何かを分かっていた人がほぼいなかった頃のことです。これはこういうものでこう使ってと、佐野君が講義して。そういう私も無知でしたから、だからそういう意味じゃ、アーティストというより、経営陣を含めた社員に影響を与えてくれたんでしょうね、佐野君は。

――『SOMEDAY』のアルバムが多方面に拡大して、若者の認知度もずいぶん広がっていきました。

**小坂**　『SOMEDAY』の全国コンサートを終えた後すぐに、単身ニューヨークに移住しました。部屋探しから始めて。大変な決断でしたね。

――そして『VISITORS』（84年）というアルバムを、ニューヨークで制作されたんですね。

**小坂**　このアルバムは、事務所もマネージャーもなしで、彼1人ですべての作業をやっています。ミュージシャンやユニオンとの契約、スタジオのスケジュール、機材関係、エンジニアの選択など。海外で、ここまでアーティストがたった1人で取り仕切って、アルバムを完成させたのは、日本のアーティストの中で彼が最初でしょう。その後もほとんどいないと思います。

私も何度かニューヨークに行ったんですが、彼は海外のスタッフと完全に馴染んでいましたね。同じスタジオでは、デヴィッド・ボウイやブライアン・アダムスがレコーディングしていましたね。

——EPICソニーのスタッフが、問題作『VISITORS』を初めて聴いたとき、どんな感じだったんですか？

**小坂**　最初聴かせたとき、身体を揺らすか、驚きで沈黙するかという感じだったのですが、でも、聴き終わった後、自然とすごい拍手が沸き起こりました。私も大好きなアルバムの1枚です。そしてそのとき「佐野君に自分が追い抜かれてしまったな」と、正直思いました。

**ワインを飲んで、《格好悪いふられ方》をレコーディングしようと説得**

——ありがとうございました。では次に、大江千里の話をお願いします。

**小坂**　当時彼は、関西学院大学に在学中でした。出会った頃は、神戸の「チキンジョージ」というライブハウスに出ていて、特に女子大生やサーファーたちで満員でした。ソニーのオーディションでは、CBSソニーとEPICソニーで争奪戦になりました。

大阪の御堂《みどう》会館という場所でコンテストがあり、そこに名の知れた芸能審査員がいて、参加アーティストに質問するんですけど、千里君はいろんな質問を一切無視して答えませんでした。

——「体制内左翼」ですかね（笑）。

小坂　僕だけじゃなく、きっと皆さん、もともとそんな感じなんでしょうね。

――デビュー曲が《ワラビーぬぎすてて》（83年）っていう。僕ら大阪の高校生はワラビー知らなかったですからね（笑）。

小坂　僕も最初は知らなかったですよ。その頃、ワラビーの靴は若者に流行っていたんですね。

――大江千里のレコードには、ポップスやジャズっぽいもの、多様な音楽があります。

小坂　いつもニューアルバムを制作する半年前から彼のマンションで書き溜めていた100曲あまりのデモテープを2人で検討し、彼はピアノに向かいながら細かい詰めの作業を何日もかけてするんです。

《格好悪いふられ方》（91年）という曲があるんですが、彼はほとんど乗っていなかったと思います。そこでイタリアンレストランに誘って、ワインを飲んで、《格好悪いふられ方》をレコーディングしようと説得しましたね。

――それから数々のヒット曲を生み、横浜スタジアムでコンサートをやるほどの人気者になりました。役者としても活躍して、さぁこれからというときに、この方もニューヨークに行っちゃいます。

小坂　私はその頃、少し相談を受けていましたが、突然、それまでの輝かしい経歴をバッサリ封印して、ニューヨークに移住しました。歌手として無期限の休業ですね。もともと出会った頃からジャズには興味を持っていて、好きだったんです。

——おしゃれで、どんな衣装でも似合いそうな、まさに「ポップ・シンガーソングライター」でしたよね。

**小坂**　彼は、見た目のイメージとは全く異なる、真面目すぎて優しい硬骨漢ですから。また大変な読書家で、機知に富んだ深みのある文章を書いてますし、出版もされてますね。いつか文学の方面でも、賞を獲るんではないかと思っています。

——ニューヨークに渡って、プロのジャズピアニストになります。

**小坂**　現在はブルックリンに十数年住んでいます。とても厳しいジャズスクールを卒業して、今は自らジャズレーベルを立ち上げ、CDの予約を受けて、梱包《こんぽう》から発送まで1人でやっています。全米でのライブのスケジュールを押さえたり、ニューヨークのジャズバーでは月1回レギュラーのライブを行っています。あのコロナの厳しい街で。彼は完全なニューヨーカーの生活を送っています。

## 次が最後だと思ってやろう

——どんどんいきます。次はTM NETWORKの結成について。

**小坂**　ある音楽雑誌を経由して、私に1本のカセットテープが届きました。シンセサイザーを多重録音したインストゥルメンタルの楽曲が数曲入っていて、すべて小室（哲哉）君が1人で作曲演奏したものでした。それを聴いて、メロディの斬新さと憶えやすさ、能力の高さに魅かれました。それが小室君との最初の出会いです。

ただ彼には「ボーカルのないものは僕には無理ですよ。でもメロディや音楽性にはとても興味があります」と伝えました。すると彼が「1か月待ってください」と言いました。そして1か月後にいきなり、彼が2名の青年と一緒にEPICに来ました。それが宇都宮（隆）君、木根（尚登）君でした。2人は中学時代からの知り合いで、お互い何でも言い合えるような、愉快な関係でした。

――それが「TM NETWORK」へと。

**小坂**　僕はソロアーティストしか経験がないので、まずは彼らのことを知ろうと、みんなで合宿をしました。とにかく同好会のような人たちで、ゲームやスポーツばかりに興じていて、音楽に関する話をした記憶はあんまりありません（笑）。でも3人それぞれの個性や特徴は少しずつ理解できました。

当時、僕のところには、たくさんの歌詞や文章やデモテープが送られてくるんですけど、その中に、とてもユニークなエッセイのような文章がありました。書いたのは女性だったのですが、彼女に連絡を取って、何度か会ううちに「歌詞にトライする気はありませんか？」とデモテープを渡しました。この曲がTM NETWORKのファーストアルバムに収録された《金色のライオン（Take it to the lucky）》（84年）という曲で、歌詞をつけるのはとても難しいだろうと思っていたのですが、1か月後、私の机に、そのデモテープと「私には無理です」と記された置き手紙がありました。その女性が、現在の銀色夏生さんです。

——なるほど！　で、TM NETWORKもヒットするまで時間がかかりましたね。

**小坂**　そうですね。私が手がけたアーティストは3枚目からヒットするとか言われてました。3人のユニットっていいですね。ヒット曲が生まれなくても、シリアスになったり、落ち込んだ素振りは感じませんでした。しかし私としては、さすがに次のアルバムをヒットさせたいなと思って、羽田空港から小室君に電話を入れて「このままだと追い詰められるね。次が最後だと思ってやろうよ」と。

——そんな中、シングル《Get Wild》（87年）が大ヒットするんですね。

**小坂**　ヒット曲がない時代にも、コンサートには、たくさんの若者がかなり熱狂的に集まるんです。小室君のシンセサイザーを駆使した派手なライブが珍しかったんですね。

——そして、『CAROL』（88年）という、2枚組の名作アルバムがリリースされました。

**小坂**　このアルバムは最初から小室君の中に壮大な音楽ステージをやろうという目標があったんですね。ロンドンのエア・スタジオを5週間借り切って、小室君が毎日、次から次に新曲を作り、ボーカルの宇都宮君はすぐに新曲を憶え、練習を繰り返し、木根君はギターのパートを担当し、『CAROL』にまつわる小説も書いていました。皆さん活気付いて、寝る間もなく取り組んでました。無謀とも思えるようなトライを、何とか完遂できたのは、EPICのA&Rマン＝山口三平氏の存在が大きかったのです。英会話が堪能でプロのサックスプレイヤーでもあります。彼のコミュニケーション力とリーダーシップがなければ完成しませんでした。

## プール帰りの陽《ひ》に灼《や》けた少女が、1年半後に数万人の前でステージに

――次は渡辺美里の話に移りましょう。渡辺さんは、比較的すぐにポンと《My Revolution》(86年)、という感じでした。当時たくさんのアーティストを同時期に見てらっしゃった中で、《My Revolution》の制作過程はどんな感じでしたか?

**小坂**　美里さんが高校を卒業してまだ間もない頃です。10代後半から20代へと成長していく、若者の複雑な心情や心象風景の歌を作ろうと、即座に決めました。本人自身の名刺のような歌でもあるんです。それならば曲は小室君に依頼しようと、悩むことなく思いました。そして小室君とアレンジャーの大村雅朗さんと美里さんで、ピアノを前に綿密な打ち合わせを行いました。

――《My Revolution》のレコーディングについて、いろいろなエピソードが、いろいろな本

に書かれています。大村雅朗さんが苦労したという話とか、イントロの「♪Fu〜Fu〜」っていうファルセットのボーカルは渡辺美里が自ら発案したとか。そう言えば《My Revolution》というタイトルは小坂さんが付けたとか。

**小坂**　そうです。美里さんはとにかく歌うのが好きな子でね、歌のパートに関しても、できるだけ自分でやりたいんです。小室君は、そのときはヒット曲もあんまりなくて、その後の、名物プロデューサーとしての破竹の勢いは、皆さんの知るところですが、彼の最初のヒット曲が《My Revolution》なんですね。

――そしてデビューして2年目に、10代の日本女性ソロシンガーとして日本で初めてスタジアムコンサートをやりました。

**小坂**　名マネージャーの春名源基さんという方の決断で実行するんですね。少し無茶だなと思いましたが、それから連続して20年、西武球場（現メットライフドーム）でコンサートをやり続けることになりました。高校生のときに出会った、プール帰りの陽に灼けた少女が、1年半後に数万人の前でステージに立つなんて。前日には熱を出していて、どうなることかと思いましたが、見事に大役を果たしました。このときは小室君がキーボードで参加しました。

そして、デビューして2枚目のアルバム『Lovin' you』（86年）から8枚目の『BIG WAVE』（93年）までが、連続1位となりました。ＥＰＩＣのスタッフも私も、そして本人も、権力的で保守的な何かに対して、ちょっと意地と反骨があって、それが、このような成功のエネルギーになった気がします。高校時代の美里さんは、まっすぐな目をして清潔感のある凛とした女子高生で、ラグビー部のマネージャーだったんですけどね（笑）。

## 頭の中で鳴っている、身体の中に充満してる音楽を完成させよう

――ではいよいよ、岡村靖幸の話に行きたいんですけど、私はもう本当に『靖幸』ってアルバムの《Vegetable》（89年）を聴いてひっくり返りまして。

**小坂**　そうですか。「好き」と言われるのもいいんですが、「ひっくり返る」ってのは、もっと嬉しいですね。

――事実ですので（笑）。岡村靖幸のあの楽曲や作風がよく認められたっていうか、よく世に出せましたね。

**小坂**　ＥＰＩＣの私の机の上に、革の服を着た青年が何も言わず、デモテープを置いて帰ったんです。テープを聴いてみると難解というか、非日常な音楽のかけらが、たくさん録音されていました。ロックとR&Bが入り混じったような、よく言えばジェームス・ブラウンっぽく聴こえるのもありました。

――そんな岡村靖幸が渡辺美里のファーストアルバムの2曲目の《GROWIN' UP》（85年）を

作曲しています。

**小坂**　岡村君は暇なわけですから、ちょうど美里さんのレコーディング中でしたので、よく見学に来ていました。そこで私の勘が働いて、彼からどんな曲が生まれるか、試してみたのです。

――2枚目のアルバム『DATE』（88年）と3枚目『靖幸』（89年）、4枚目『家庭教師』（90年）。あのへんはもう私の青春そのもので、でも1曲だけ挙げるとすると、ラジオで聴いて本当に驚いた《Vegetable》ですね。あの歌い出しの「♪愛犬ルーと散歩すりゃストロベリーパイ」って、何を歌ってんだろうと（笑）。すごいのは、歌詞を見ても意味が分からない（笑）。

**小坂**　分かろうとするからですよ。好きに解釈すればいいんですよ。ノリですから。

――驚くのは、『靖幸』のアルバムでも、作詞、作曲、編曲、そして歌も楽器も、ほぼ全部自分でやって。

**小坂**　ミュージシャンを呼んできても、自分で差し替えちゃうんです。自分の頭の中で鳴っている、身体の中に充満してる音楽を完成させようとした。

――その後、数年アルバムを出さなくなってしまいます。

**小坂**　いろいろあって、極度の精神的スランプに陥って、作る意欲をなくしてしまいました。岡村君の家に、週2回ほど行っては、ただ雑談していました。家といっても、ほとんどがスタジオ同然の状態になっていて。生活空間がないんです。

彼は映画好きで『ゆきゆきて、神軍』（87年）という映画に興味を持ち、私を質問攻めにするんです。また井上光晴を描いた映画『全身小説家』（94年）を、映画館で一緒に観ましたね。
そんなこともありつつ、少しずつ音楽活動を再開します。まずはストリートでやってみるかと、彼がギターを抱え、私が楽譜を持って駒沢公園に出かけました。でもみんな素通りするだけで、ほとんど聴衆は集まりません。おばあちゃんが近寄ってきて「何やってるの、身体に気をつけなさい」とか言われて（笑）。次は井の頭公園に場所を移しても、全く無反応でした。

——今じゃ、テレビで見かけたり、雑誌の連載を持ったり、ライブはチケットが手に入りにくくなったりしましたけどね。

**小坂**　長い空白の時間が流れましたが、新しい有能なマネージャーと一緒に復活していきましたね。最近では、私の大好きな作家の高村薫《かおる》さんや思想家の内田樹《たつる》さんと対談したり、台湾の天才IT大臣＝オードリー・タンさんと、いち早く書簡でのやり取りをしています。今でも彼とはしょっちゅうLINEでやり取りをしています。この間は『三島由紀夫vs東大全共闘』（20年）のビデオについて話しました。私はあの場にいましたから。

## 「佐野君ありがとう」と伝えたい

——今まで聞かせていただいたような、すごくクリエイティブで自由で、奔放な80年代EPI

Cソニー。小坂さん自身が関わった作品も含めてですけど、なぜ80年代のEPICソニーは、ああいう独創的な楽曲を量産できたのでしょうか？

**小坂**　ゼロから始まったからです。EPICソニーを作った経営陣は、CBSソニーから来てるんですよ。でも社員のほとんどは未経験者です。社員募集したときは年齢不問、経験の有無は問わず。だからほとんどが音楽経験のない人たちです。アパレルメーカーとか、映画の助監督とか。制作のスタッフ以外は、いわゆるゼロからの出発です。例えば、宣伝経験のあるレコード会社のスタッフは人脈や経験で、音楽メディアとは顔なじみでしょ。EPICの社員がラジオ局の人に会いに行っても、何の話をしたらいいのか分からずトンチンカンです。

そんな状況のときに突然、顔を黒塗りにしたグループ、シャネルズが登場しました。《ランナウェイ》（80年）はよく練られたヒット性の高い曲で、テレビ局はほっときませんよ。手のひらを返したように出演依頼が殺到しました。そして次に、博多から上京したバンド＝THE MODSが出てきました。シンプルだけど、ビート感と歌唱は研ぎ澄まされたストイックな存在でした。

そして、佐野元春、大江千里、TM NETWORK、渡辺美里、岡村靖幸らが、立て続けに音楽界を賑やかにしていきました。「ロック・レーベル」として立ち上がったEPICは、若さに任せたオリジナルな宣伝やアーティスト活動を見つけていきました。

――「偉大なる素人集団」。

**小坂**　偉大ではないですよ。全くの素人集団が少しずつ、独自の宣伝営業のやり方を、手探りで身に付けていきました。時には丸山さんが重要な場面では指示したりしますが、スタッフは放牧された羊です。言わば「STRAY SHEEP」かな。

――客観的にEPICソニーを見ていて、シャネルズやTHE MODSもいましたが、「ロック・レーベル」として引っ張ったのは、佐野元春のように感じていますが。

**小坂**　そう、シャネルズやTHE MODSも独自色を出して活躍していましたが、佐野君に教わった「佐野イズム」は非常に大きいですね。さっき話したMacintoshの件とかも含めて、「ロック・レーベル」という当初掲げた目標に、大きく貢献してくれたと思います。

――90年代になって、80年代の「EPICソニーらしさ」というのが、少し変わっていったと、私は思うんですよ。90年代のEPICソニーに関してはどう思われますか？

**小坂**　会社設立から10年あまり、素人集団が実績やテクニック、成功体験を手にするようになり、新しいスタッフも増えていきます。これは組織論的にいっても、ゼロから出発じゃなくなっていくわけですから、他のレコード会社ともそれほど違わない平板な感じというか、突出した個性は埋没していきますね。でも90年代は、それまでとまた違ったアーティストたちが育っていったんじゃないでしょうか。

――88年にEPICソニーが法人じゃなくなって、CBSソニーグループ（後のSME）の中の一部門になったときはどうでしたか？

**小坂**　想像するに、丸山さんも胸中複雑で穏やかじゃなく、悔しく思ったかもしれません。ソニーという大企業になると、私なんかが及ばない思惑が、上層部のほうで交錯していますから。私自身も、正直に言いますと、挫折というより諦めを感じました。風船が風に流されていつかしぼんでいくように、情熱は冷めていきましたね。

――丸山さんは、そこからソニー・コンピュータ（エンタテインメント）の設立に向かっていきましたが、「もうEPICにはやることがない」と思われたんですかね。

**小坂**　それは私には分かりようがありません。今回のインタビューの依頼を受けて、数年ぶりに1980年代の頃を想《おも》い起こしました。こんな機会がなかったら、私のEPICレコード時代のさまざまな出来事に想いを寄せることはなかっただろうと思います。取り上げられた5組のアーティストとの最初の出会いは、特に感慨深いものがあります。EPICにてプロデュースの仕事をするにあたって、まずは、有名な作曲家や作詞家の方とは、作業をしないと決めていました。音楽プロデュースは、アーティストとの出会い、発掘、育成、才能の開花の伴走者です。特に私自身、新人を発掘することに、最も、力と時間を割《さ》きました。

既成の作家たちとはやらない、新しい人たちを見つけてやると決めていたので、悪戦苦闘、試行錯誤、孤立無援の連続でした。しかし、5組のアマチュアだったアーティストが、数年後には、武道館やスタジアムで、皆さんコンサートを行いました。当時の若者たちの熱狂的な高ぶる想いに包まれるようになりました。そして、それぞれのアーティストが、セルフプロデュースできる能力や、先見性を、身に付けていきました。同時に5組のアーティストのレコーディングや、ライブを常に共有するなんて、時間的にも、心身的にも、無理なことですよね。今の時代、プロデューサーと名乗るさまざまな方がいるようですが、私のやってきたプロデューサーとしての取り組み方をしている人は、誰ひとりいないと思っています。これが信州で農作業をやって培った私の流儀ですから。

その頃、丸山さんに声をかけられ「小坂もそろそろ現場を離れたら？」と言われました。それに対して私は、野球の野村克也の言葉「生涯一捕手」になぞらえて、「私は生涯一プロデューサーです」と答えました。親の心子知らずというか、その1年後には現場から距離を置くようになりました。

——その小坂さんは、結局00年までEPICソニーにいらっしゃったんですよね。

**小坂**　その後、新しい会社「パームビーチ」を立ち上げることになります。最初は3名だけのスタッフで、レコード制作とマネジメントを行うような、素手で戦場に向かうような、戦術や戦略も持っていないものでした。やっぱり経営者というのは器じゃなかったんです。しかしこの頃が一番楽しくて自由だったなと思っています。

ＥＰＩＣソニーを離れるとき、佐野元春が新潟のコンサートに招待してくれました。私が会場に到着するまでは開演しないと言われました。そしてコンサートの途中で、突然佐野君が話し出して、「今日、僕がこのステージに立てているのはこの人との出会いがあったおかげです」と。そして観客席の私にピン（照明）があたり、私を紹介しました。佐野君と数々の経験を共有した20年あまりの時間が思い出され、何だか熱い想いがこみ上げてきました。こちらこそ「佐野君ありがとう」と伝えたいと思います。

――最後に総括的な質問になりますが、「80年代のＥＰＩＣソニー」という奇跡がなぜ、どう起きたのかということについて、お考えをお聞かせください。

**小坂**　まずは既成のレーベルとは全く異なる日本初の「ロック・レーベル」として立ち上げたことが大きいと思います。新しいスタッフの募集要項も経験、年齢、性別一切問わないという方針で集まった。さっき言いましたように、ほとんどが未経験者ばかりの素人集団でした。当然まだ新人アーティストは誰もいなかったわけで、丸山さんが「3年は洋楽におんぶに抱っこで支えてもらおう」と。前途多難でした。

既存のメディア、例えばテレビの音楽番組などは人脈もありませんし、もともとイニシアティブはメディア側にありますから、いろいろな規制がありますね。それはＥＰＩＣのアーティストには馴染まないと思い、EPICがイニシアティブを取れる新しいメディアを開発せねばと、ミュージックビデオ（MV）を作るビデオ班を立ち上げました。

――EPICのアーティストは、みんなMVの印象がとても強いです。

**小坂**　当時のEPICは、社員とアーティストの距離がとても近く、仲間同士のようでした。そこに強い個性を持った、変人とも言えるような天才肌の坂西伊作氏というスタッフがいたのです。彼のセンスと情熱と破格な言動は猪突《ちょとつ》猛進。スタジオに泊まり寝食を忘れてMV制作をしていました。彼のように、素人集団の中に、強烈な異彩を放つ若者たちがいたのです。

――でもMVをオンエアする場所は当時、あまりなかったですよね？

**小坂**　そうなんです。そこで、完成したMVを持って、全国各地の会場を開拓し、機材を運びこみ、時にはアーティストも同行する「ビデオ・パーティ」なるものを催しました。会場のスクリーンにMVを投影して、アーティストがパフォーマンスをしたり、質問に答えたりといったイベントが各地に拡大していきました。これが「ロック・レーベル」らしいプロモーションのきっかけとなった気がします。そう言えば、渡辺美里のデビュー時のコピーが「ロックを母乳に育ちました」でした。

　EPICには大手のマネジメント事務所の所属アーティストはいませんでした。なので、レーベルとマネージャーが対等なパートナーとしてタッグを組んで、ゴールを目指したのです。

そしてやっとシャネルズがヒットし、THE MODSや佐野元春が続きました。

――あとはやっぱりライブですか。

**小坂**　テレビや雑誌にも当初はあまり取り上げられませんでしたので、やれることはライブです。最初は観客が4〜5人ということもありましたが、ライブしか露出の場はないですから、めげずに重ねていきました。

――ライブやMVがプロモーションのメインというのも、少し遠回りのやり方ですね。

**小坂**　ＥＰＩＣという組織にいた同志の力が大きかったですね。丸山さんも私も同じ早稲田ラグビーの熱狂的なファンでした。ＥＰＩＣをラグビーに喩《たと》えると分かりやすいと思います。丸山さんはキャプテンですね。監督というよりもキャプテンという感じでした。ポジションは8番（ナンバーエイト）かな。守備、攻撃、敵のポジション、戦略を分析しながらチーム全体を見て、そして自らも選手の一員ですね。私は恐らくバックスラインでボールを持って、ゴールまで走っていくような存在だったかな。ただ、ＥＰＩＣチームに五郎丸歩のような選手はいませんでしたね。1人で、1発でバシッと決めるような存在はいなかった。

――なるほど、何となく分かります。

**小坂**　だから丸山さんは、今の日本ラグビーで言えば、リーチ・マイケル的な存在でしたね。キャプテンだったりナンバーエイトだったりと、攻守走のすべての真ん中にいる人。ラグビーのように社員が一丸となって同じ喜びや挫折感を共有していました。そういうことがスタッフとアーティストの絆《きずな》を強めていったと思います。その結果が「ロック・レーベル」としての果実につながったと思います。

――今日は阪神タイガースに始まって早稲田ラグビーで終わりました（笑）。長時間ありがとうございました。

## 2　佐野元春インタビュー

**佐野元春**（さの・もとはる）
1956年生まれ、東京都出身。言うまでもなく、80年代EPICソニーを超えて、日本ロック史に多大なる功績を残しているレジェンド。とりわけ、その歌詞世界と、日本語のビートへの乗せ方が、後の音楽家に与えた影響はとてつもなく大きい。80年にシングル《アンジェリーナ》でデビュー。82年のアルバム『SOMEDAY』で大ブレイク。その後の活躍は、改めてここに記すまでもないだろう。21年6月、デビュー40周年を記念したEPICレーベル期集大成CD BOX『MOTOHARU SANO THE COMPLETE ALBUM COLLECTION 1980-2004』が発売された。

最近、SNSなどでよく見る常套句《じょうとうく》に「×年前の自分に教えてあげたい」というのがある。今回のインタビューはまさにそれで、80年代前半の東大阪市の実家、兄貴との相部屋で深夜、「つまらない大人にはなりたくない」というフレーズを何度も噛み締めていた高校生の自分に、「三十数年後の君は、つまらない大人にはなっていないようだ。なぜなら、佐野元春にインタビューするのだから」と教えてあげたいと思う。コロナ禍のため、オンラインでのインタビューとなったのは少々残念だったが、それでも佐野氏には、とにかく熱く、エモーショナルに語っていただいた。画面越しにパッションがびんびん伝わってきた。そんな氏の喋りっぷりを可能な限り、文字として残してみたつもりなので、味わっていただきたい。

## 自分のベースは、スリっ傷だらけの子供たちが歌ってダンスする音楽

――私が個人的に特に思い入れがある、80年代のＥＰＩＣソニーのさまざまな曲を評論する本を考えております。

**佐野**　素晴らしい。

――それで今日は、80年代の佐野元春さんの作品の細かい話に関して、いろいろお伺いしたいと思っております。加えまして、最後のほうでは、あの80年代のＥＰＩＣソニーが、佐野さんはじめ、なぜあんなに素晴らしい、キラキラした作品を生み出し続けたのかなっていうことに関して、佐野さんのご意見を聞ければと思っておりますが、まずは少し歴史を追っていきます。一番はじめ、佐野さんのデモテープを聴いて、小坂洋二さんから佐野さんに連絡が入ったと聞きましたけれども、そのときのことって憶えてらっしゃいますか。

**佐野**　そもそも若い自分は、レコード会社の人、信用していませんでしたから、またうさんくさいのが電話してきたなあと、そんな第一印象でした。でも会いたい、どこかから僕のデモテープを手に入れて聴いたよと言うので、なら、話だけでも聞いてみようと、そんな感じでした。

――うさんくさいと思われたのは、やはりヤマハ（註：佐野元春は、EPICソニーの前にヤマハからデビューしかけたことがある）のときの経験が強く影響しました？

**佐野**　斜に構えた青年でしたから、世の中全体を若干懐疑的に見てまして、特にレコード会社の人というのは、何を考えてるか分からない。俺は食い物にされちゃうんじゃないかみたいな、そんな疑いがありましたから、会うだけ会うけれども、話半分に聞いとこうという感じでした。

――小坂さんはどういう印象でしたか。

**佐野**　それまで会ったレコード会社の人というのは、言ってみれば業界的な雰囲気をまとった人たちが大半でしたけども、小坂さんはそうではなかったんですね。

――業界的な雰囲気というのをもう少し具体的に言うと？

**佐野**　業界的な人っていうのは、首にセーターを巻いてるような人。

―― （笑）。デモテープを聴いて、小坂洋二さんがかなり強く感激されたと聞いていますが、小坂さんに音楽を認められたときの印象はどんな感じでした？

佐野　こんなもんじゃないぜっていう感じ。

——（笑）。ここに『路上のイノセンス』（下村誠・JICC出版局）という本があります。私は大学時代に熟読したのですが、いろいろなことが書いてあります。その中で、デモテープの曲は《Do What You Like》と《情けない週末》だったと書かれています。このデモテープは、どんな感じで録音されたものですか。バックはピアノ1本ですか。

佐野　そうです。ガールフレンドの誕生日に、自分の楽曲集をプレゼントしようと思い、リハーサル・スタジオに籠もって、エンジニアと2人で1日かけて作ったデモテープでしたね。ほとんどピアノの弾き語りのものでした。そのカセットテープが、自分の知らないところで、メジャーカンパニーのレコード会社に回っていたんですね。たぶん、そのリハーサル・スタジオで、一緒に録音を手伝ってくれたエンジニアが、すごい新人がいるよという感じで、レコード会社のA&Rに配ったのかなと、僕は推測してます。

——佐野元春さんが生み出した革命の1つは、日本語をどうやってビートに乗せるか、その新しい方法論を生み出したということだと思っています。デモテープ版の《情けない週末》《Do What You Like》でも、アルバム『BACK TO THE STREET』（80年）に入っているような発音はもうしてらっしゃいましたか?

**佐野**　していました。自分は14~15歳ぐらいから、ソングライティングを始めましたが、その頃にはデビューアルバム、セカンドアルバムで発表した曲の原型のようなものがすでにありました。

――日本語をどう発音するかという点について、はっぴいえんどを、リスナーとしてどう感じてらっしゃいましたか。

**佐野**　ロックミュージックをフォーマットにした日本語の音楽というものが、70年代当時、数えるほどしかなかったんですが、はっぴいえんどの音楽は、自分より年上の世代の音楽ではあったけれど、音楽的にはいいなと思って聴いてました。

――はっぴいえんどの好きな曲は何ですか。

**佐野**　後になって調べてみると、大滝さんの楽曲を結構気に入ってたようです。そのときはこの曲は誰が作ったかというのを知りませんでした。

――大滝詠一さんの日本語の歌い方はどうでした?

**佐野**　大滝さんに限らず、70年代のロックシンガーに共通していたのは、アメリカの南部ロック的なニュアンスの歌い方。そこに日本語を乗せるという工夫をしていた。それは大滝さんだけではなく、細野晴臣さんにしても、小坂忠《ちゅう》さんにしても、鈴木慶一さんにしても、みんな同じような歌い方をしていました。

でも自分は、世代的にそうした歌い方よりもっとストレートに歌いたかった。そして1曲の中にできるだけ言葉を詰め込んで、複雑なストーリーを歌いたかった。そこで彼らとは全く違うアプローチが必要だろうなと思って試したのが、初期の《アンジェリーナ》（80年）であったり、《スターダスト・キッズ》（81年）であったり、《ダウンタウン・ボーイ》（81年）でした。

――14年に、佐野さんはラジオで「はっぴいえんどの方法論っていうのは、too intellectual」だとおっしゃっていました。

**佐野**　そうだね。

――具体的にはどういうことですか、「too intellectual」。

**佐野**　知的すぎる。ロックンロール音楽は、もともとプリミティブなもの、原始的なもの。聴いてると、理屈もなく体が動いてきて、何か自分の中の熱い情熱が掘り起こされるような音楽だって思っていた。50年代エルビスから始まって60年代ビートルズ、その先70年代に入るとロック音楽は徐々に成熟していって、いろいろな表現ジャンルと混じり合いながら、だんだん知的な鑑賞音楽になっていった。日本では、はっぴいえんどを代表とする一群の音楽表現者たちが、そのムーブメントの中で試行錯誤していた。僕はそれを年下の世代として聴いていた。

でも80年代になるとそのムーブメントは下火になって、もっと感覚的な、もっと官能的な、もっとスピード感のある音楽を聴きたいっていう世代が出てきた。もちろんはっぴいえんどは優れたバンドだったけれど、どちらかと言えば文系インテリが好む、知的な鑑賞音楽という感じだった。新しい世代が自分たちにフィットした新しい音楽を求め始めていた。

――はい。

**佐野**　自分がデビューする前、街ではよくシティポップが流れていた。70年代ソウル音楽をフォーマットに、リゾート感覚のリリックが乗っかっていた。シティポップと言われるように、確かに「都会的」ではあったけれど都会の音楽には聴こえなかった。自分はあまりピンときてなかった。

でも80年代に入ると、レーベル・メイトであるTHE MODSをはじめ、ロッカーズやルースターズといった九州のバンドが出てきて、「ストリート」をテーマにご機嫌なビートロックをキメていた。僕もよく出ていた新宿のルイードだ。いわゆるバンド・オリエンテッドなサウンドを奏でる連中たちが、独自のサウンドを作り始めていた。時代は変わりつつあるな、という雰囲気はデビューのときから感じていた。「自分もそのムーブメントを進めていく列に加わるぞ」という思いがありました。

――《アンジェリーナ》に入る前に、もう1問だけお願いします。佐野元春さんが、今、「列」とおっしゃいましたけど、その列に桑田佳祐《けいすけ》という人は入っているんですか。

**佐野**　入ってなかった。同世代だし、ソングライティングは面白かった。でも、サザンオールスターズは僕が言うその列とはまた違うところにいた。

――サザンオールスターズを一番初めに聴いたときは、どういう印象でしたか。

**佐野**　大学の軽音楽部の部室。

――（笑）。音楽サークルの。

**佐野**　はい。夕暮れ時に大学の軽音楽部の小さな練習部屋から聴こえてくる、そんな郷愁を感じる音楽だった。

――それは佐野元春にとって、いい音楽なんですか、悪い音楽なんですか。

**佐野**　「楽しい音楽」だった。湘南のライフスタイルを感じるローカルの音楽だった。それに、自分と同世代だなと思ったのは、曲の3分間の中にできるだけ多くの情報を組み込みたいと思うあまり、リリックがはみ出していた。そしてその歌い方が面白かった。何言ってんだか分からないというところが面白かった。

――佐野さんはサザンオールスターズよりも、もっとモダンなリリック、モダンなサウンドを志向していたということですか。

**佐野**　というより自分の音楽のベースはロックンロール音楽だということ。都市の音楽。スリっ傷だらけの子供たちが歌ってダンスする音楽。とにかく街で生まれて、街で暮らすということとは、子供たちにとってはタフなことなんだよね。すでにでき上がったオトナの価値観の中で生きていくということは、そこに抵抗するべきものが、たくさんあるわけなんです。それを反抗的に歌ったり、ロマンティックに歌ったり、シニカルに歌ったりするのが、ロックンロール音楽だと僕は思っている。

でも思い返してみれば、僕の言う「ロックンロールの列」にいる仲間は、当時あまり見当たらなかった。革新的で新しい音楽を作るんだという、きっとそんな思いに溢れていたソングライターやミュージシャンは、自分の知らないところにたくさんいたかもしれないけれど。

——ありがとうございます。ここまでの発言だけでも、このインタビューをやった意味が大きく、これを文章にするという価値があると思います。

**佐野**　いえいえ。

《アンジェリーナ》を出したら、みんなひっくり返るだろうと思った

——では、いよいよ《アンジェリーナ》に行きます。《アンジェリーナ》の歌い出し「♪シャンデリアの街で眠れずに」。《スターダスト・キッズ》の「♪本当の真実がつかめるまで」。あのような、文字を詰める日本語の乗せ方に、不安はなかったですか。

**佐野**　それは全くなかった。今思えば、後のラップ表現につながっていく、その最初期の試み

だったんじゃないかな。

――僕は、都市は都市なんですけれども、大阪の街外れで、「♪シャンデリアの街」っていうのを聴いて、少々驚きました、何を歌ってんだろうと。ただしこの前、小坂洋二さんに聞くと「全然驚かなかった。むしろ最高だと思った」とおっしゃってました。

**佐野**　普通はこうだよねって思っていました。その頃のメインストリームの音楽を聴いて、言葉のリズムの当て方がなんか聴きづらいよねっていう感じがあって、自分の同世代や、新しい世代にはきっと受けると思ってた。

――話はそれますけども、佐野元春さん、米津玄師《よねづけんし》って聴かれたことあります？

**佐野**　いいソングライターと聞いていますが、聴いたことはありません。

――２０２０年の曲で、《感電》っていう曲がありまして、歌い出しで「♪逃げ出したい」って歌うんですよ。僕、《アンジェリーナ》から40年経って、「あぁ《アンジェリーナ》の歌い方が本当に普通になったんだな」と感じました。

**佐野**　そうですか。きっと日本語のリズムの当て方っていうのは、これからも新しい世代によって徐々に更新されていくと思います。

――率直にストレートに聞きますが、《アンジェリーナ》はもっと売れると思ってました？

**佐野**　売れると思ってましたね。みんなひっくり返るだろうと思った。リリックも憶えやすいし、メロディも悪くない。ビートが利いてる。他とは比べられない、ユニークなロックンロール曲ができたと自負してましたから、多くのキッズたちがレコードを買ってくれるはずだと思ってました。

――《アンジェリーナ》からアルバム『SOMEDAY』（82年）まで、思ったよりも売れない時期が続いたと思いますけど、そのときのお気持ちはどうでした？

**佐野**　僕の側で何か足りない手続きがあるんじゃないかと思った。

――その手続きとは何でしょう。

**佐野**　それを解明していく旅が『VISITORS』（84年）から始まる。

――『VISITORS』から。

**佐野**　はい。商業的にそれほどのヒットがないことは多少がっかりしたけれども、1つだけ希望を持っていたのはライブコンサートです。この頃僕らバンドは4トントラックに機材を積んで、日本中ずっとライブコンサートをしてた。どの会場も熱狂的な10代が集まっていた。伊藤銀次はその様子を見て「ビートルズの現象と一緒だ」と言った。「ラジオやテレビではまだ取り上げられていないけれども、ライブでこんなに熱狂を生んでるというのは、他に例を見ない」って、銀次は言ってた。

だから僕も、とにかく熱狂を生むステージをやった。初期のビートルズもそう。初期のローリング・ストーンズもそう。さかのぼって、ジェリー・リー・ルイスもそう。そうした50年代のロックンロール・ミュージシャンのステージのように、とにかく熱狂、熱狂、熱狂、そういうスタイルでやってた。なので、レコードが売れなくても、いつか売れるだろうって楽天的でした。

## 大村雅朗さんの印象は、「プロ」だな

——2人の人物について、一言コメントをお願いします。1人目は沢田研二さんについて、どう思われましたか。

**佐野**　沢田研二さんは、当時も今と変わらぬスターですから、プロデューサーを通じて、曲を書いてくれと言われたときに、率直に嬉しいなと思った。沢田研二さんの歴史の一端を担うということを、とても光栄に思いました。

——僕の見方で言いますと、アルバム『G.S. I LOVE YOU』(80年)以降、沢田研二さんのボーカルの歌い方には、佐野元春の影響が強く残ってると思います。

**佐野**　僕はそういうふうには聴こえないけれども、ただ『G.S. I LOVE YOU』のレコーディングのときに、プロデューサーやアレンジャーから、スタジオに来てほしいと。で、「君が作ったこの曲の仮歌を歌ってほしい。沢田さんがそれを聴いて、参考にしたいと言ってる」とい

うことを聞いたので、《彼女はデリケート》とか《Vanity Factory》を、スタジオで張り切って歌いました。レコーディングプロデューサーは、僕の記憶によると、加瀬さん……。

――加瀬邦彦さん。

**佐野**　はい。そしてディレクター、コーディネーターとして、木﨑さん……。

――木﨑賢治さん。

**佐野**　そして編曲家として、僕の友人である伊藤銀次。しかし、レコーディング・スタジオの奥のほうになぜか内田裕也さんがいたんだよ。

――それは初耳だ（笑）。

**佐野**　いずれにしろ、そういう現場に入っていって、いっちょ佐野元春っていうのを見せてやるぜという気持ちで張り切ってやったわけです、《彼女はデリケート》と《Vanity Factory》をね。で、沢田さんもそれは参考にしてくれたと思います。

――「みんなびっくりしていた」と伊藤銀次さんもおっしゃっていました。もう1人、大村雅朗さんの第一印象に関して聞かせてください。

**佐野**　ファーストアルバム『BACK TO THE STREET』のレコーディングでは、僕自身がレコーディングのノウハウを知らなかったために、伊藤銀次や大村さんがプロジェクトに参加してくれました。彼らの役割というのは、スタジオミュージシャンに僕のアイデアを伝えることでした。基本的なアイデアは全部僕のものだけれども、それを分かりやすい形でミュージシャンたちに伝えていくというのが、伊藤銀次や大村さんの仕事だと。

特に大村さんは、アンサンブルを組み立てるのに非常に長《た》けた編曲家でした。ですので、ロック音楽を作る現場よりも、むしろメインストリーム、ビッグヒットにつながるようなポップなサウンドを作るのに、彼はとても力を発揮していたね。大村さんが僕のレコーディング現場に来てくれたのは、恐らく小坂さんからの推薦だったと思います。

大村さんに僕が依頼したのは、主にストリングスのアレンジですね。トップ・メロディは僕が指定するけど、アンサンブルは彼が組むといった感じ。それから、例えば何曲かに関しては、僕のデモテープを基に、大村さんがリズムセクションから、自分が選んだミュージシャンに演奏させて組み上げていくという、そういう現場でした。なので、大村さんに対する印象は、「プロ」だな。

――以下、間違いだったら指摘してください。僕は《アンジェリーナ》について、レコードになっている《アンジェリーナ》のイントロと、80年代後半、ライブ盤の『HEARTLAND』（88年）に入っている《アンジェリーナ》のイントロを比べて、レコードのほうは大村雅朗色が強すぎて、本当は佐野元春さんがやりたかったイントロっていうのは、『HEARTLAND』のほうじゃないかなって感じてるんですけど、それは間違いですか。

**佐野**　間違いか正しいかという話ではなく、《アンジェリーナ》のサウンドは、ヘッドアレンジは僕自身で、僕が大村さんに伝え、大村さんが当時、ドラムの島村（英二）さん、ギターの矢島（賢）さん、ベースの高橋ゲタ夫さんに伝えたものなんです。この3人と言えば、トップクラス中のトップクラスのスタジオミュージシャンでした。1日に3現場を掛け持ちしちゃうぐらいの。

彼ら、他の現場では歌謡曲的な演奏で良かったんだけれども、僕の現場では、僕がそれを許さなかったんですね。だから島村さんも本気のドラミング、高橋ゲタ夫さんも本気のベース、矢島さんもそう。みんな自分より年上だし、一級のスタジオミュージシャンではあったけれども、気さくにいいアイデアを出してくれました。例えば矢島さんはギターにフランジャーをかけて「こんなのどう？」と。

——♪ジャッジャカ・ジャッジャカ……。

**佐野**　はい、ニューウェーブな音を提案してくれた。島村さんは、タイトなドラミング。僕の16ビートの歌に合わせて、グルーヴィなドラムを叩いている。《アンジェリーナ》のレコーディングでは全員スタジオに入って、基本的な楽曲のムードやテンポ、グルーヴは合議で決めていった。それを商業的な形でしっかりまとめ上げるというのが、大村さんの仕事だったと思う。

——じゃあ両方とも、やはり佐野元春の味が強く付いてるということですよね。

**佐野**　はい。でも自分がアレンジしたものをそのままやったらば、もっとラフなロックンロールになってしまうところを、小坂さんや大村さんからしたら、商業的に聴きやすい音にしようという配慮があったのかもしれない。で、自分は特に反対はしなかった。彼らがそうしたいんだったら、そうしてもいいよって感じ。でも、僕がレコーディングのノウハウを身に付けたら、もう口出しするなよとは思ってた。ただ最初、自分は何も分かってなかったんで、彼らの言うことをきちんと聞く「いい青年」を演じていました（笑）。

**《SOMEDAY》には大滝詠一さんが大きなヒントを与えてくれた**

――恐らくそのレコーディングのノウハウを身に付けたのが、アルバム『SOMEDAY』だという風に思ってます。

**佐野**　そうなんですよ。頑張りました、いろいろとね。もう自分でプロデュースできるようになった。プロデュースで一番大事なのは、ミュージシャンたちにやる気を出させること。ミュージシャンたちに、今僕が言ってるこの編曲と、これから構築するものが、世界中を変えるんだぐらいのモチベーションを上げげて、そしてみんなに楽しく参加してもらうこと、ミュージシャンをやる気にさせること、それが一番大事だと思う。

――大滝詠一のアルバム『A LONG VACATION』の発売が81年3月21日で、シングル

《SOMEDAY》の発売が81年の6月21日。その間、たった92日なんです。何を言ってるかというと、大滝詠一という人が積み重ねてきたナイアガラ・サウンドの作り方、レコーディングノウハウを瞬時にマスターして、《SOMEDAY》という曲を作ってるというのが、驚きに値すると思ったんです。なぜできたんですか。

**佐野**　その話は僕にとっても、とても興味深い。僕は『A LONG VACATION』のレコーディング、伊藤銀次と一緒に見学しに行ってるんですね。そのときに驚いたのは、僕が幼い頃から親しんで聴いていた、フィル・スペクターのウォール・オブ・サウンドのような、深い音像を活かしたレコーディングが目の前で行われていたこと。『BACK TO THE STREET』のレコーディングは、吉野金次さんが運営していた新宿の本当に小さなスタジオで、天井も低かった。なので、広い音場、深い音像を活かしたスペクター・サウンドみたいな音がどうしても作れなかった。「いったいどうやって、あの当時のフィル・スペクターは作っていたんだ?」と思ってた。でも、大滝詠一さんのレコーディングの現場に行ったら、確か六本木のソニーのスタジオだったと記憶していますが、そこで展開されてるレコーディング、コンソールルームでスピーカーを通して聴く音は、まさにそれだったんですね。こうして作ればいいんだって、雷に打たれたように僕は啓示を受けた。

実は《SOMEDAY》は、アルバム『Heart Beat』(81年)に入れようと思って温存していた楽曲だった。自分でも気に入っていたんですね。ところがアルバム『Heart Beat』の締め切りに、どうしても間に合わなかった。なぜなら《SOMEDAY》の曲はできていたけれども、編曲が僕の中で固まっていなかったから。僕は《SOMEDAY》という曲は、必ず僕のキャリアの中で大事なものになるだろうと確信していたので、下手なアレンジで、よもや歌謡曲系の編曲家をつけて台なしにするようなことだけは、絶対にしたくない。僕が全部編曲をし、僕のアプローチで作り上げる。もしそれが売れたんだったらハッピー、売れなかったんだったら、そこで退散だと思っていた。だけども、どうやってレコーディングしていいのか分からなくて悶々《もんもん》としてるときに、大滝詠一『A LONG VACATION』のレコーディングの現場を見て、これだと思ったの。そして僕は、その現場を見た次の次の日ぐらいから、編曲の方法、そして、そこでミュージシャンたちをどう動かして、どういうアティテュードで演奏してもらうのかという具体的なアイデアがどんどん出てきた。

そして、それから間もないときに、僕はTHE HEARTLANDのメンバーを全員、東京の、もう今はなくなってしまったマグネット・スタジオというリハーサル・スタジオに呼んで、「ドラムはまずこういうフレーズから始まって、ベースのラインはこうだよ」と。で、アコースティックギターを4本一気に弾きたいんだけど、僕たちのメンバーの中にギタリストは、銀次しかいなかったので、僕と銀次と2人で弾いたものを何回かダビングしよう。ピアノも、僕が考えるピアノの音は、1台のピアノではなく、何台かが鳴ってるイメージだから、西本（明）君はこのレンジを弾いて、僕はユニゾンでもう1オクターブ上のレンジを弾いて、それをダビングしよう。というように、バンドも人数が少なかったし、リハーサル・スタジオは狭かったけど、どうにか六本木の広いスタジオで行われていた大滝詠一『A LONG VACATION』のサウンドに近付けようと思って、工夫に工夫を重ねた。そして僕はそれを全部録音したんだけど、狭いですから、どうしてもエコー感が足りない。残響感が足りないので、ドラム、ベース、ギターそれぞれに適切な深みのあるエコーを入れて、そしてどうにかウォール・オブ・サウンド的なイメージのものをミックスして仕上げて、カセットに入れた。

でも、僕はそれがすごく気に入ってた。この音こそ僕が奏でたかったサウンド。日本でこのサウンドはまだ誰もやってないはず。次の課題は、この音を誰が理解して、誰がエンジニアリングしてくれるのかということだった。当時それをできるのは自分の中で2人しかいなかった。吉田保さんと吉野さん……。

――吉野金次。

**佐野**　はい。吉田さんは、山下達郎さんをはじめ、スパークリングでクリーンなサウンドを作っていた方。一方、吉野さんは、はっぴいえんどのアルバムを手がけた人。ドライなロックサウンドを作っていた。僕は《SOMEDAY》のサウンドを作れるのは吉野さんしかいないと思い、彼に連絡して会いに行き、デモを聴いてもらった。「このサウンドを一緒に作ってほしい」と頼んだら、彼はちょっと考え込んで、ジェントルな物腰で、「いいですね、やりましょう」と言ってくれた。そこから《SOMEDAY》のレコーディングが始まった。

――大滝詠一さんが10年ぐらいかけて編み出した、あのナイアガラ・サウンドの作り方を、『A LONG VACATION』のレコーディングを見学するだけでよくものにできましたね。

**佐野**　僕のウォール・オブ・サウンドへの興味は、そこから始まったのではなく、両親がやはりポップス音楽が大好きで、エルビスから始まって、ロネッツ、その他のそうしたレコードがうちにあった。それを聴いてたということもあります。子供の頃見た歌番組では、弘田三枝子さんが、ロネッツの《Be My Baby》（63年）をカバーしていて、僕はいっぺんでファンになってしまった。そんな経験もある。

70年代の後半になると、海外で60年代音楽への回帰が起こった。特にロックンロールのカテゴリーでは、フィル・スペクターのサウンドがリバイバルしていた。米国では例えばミート・ローフがそう、イギリスではエレン・フォーリー、そのあたりの音楽が好きでよく聴いていました。

スペクター・サウンドの真髄とは何か。僕が思うにそれは都市の音。都会の音。街の音。ニューヨークやロサンゼルスといった街のロマンティシズムが体現されたサウンドです。人々の欲望や喜びが混じり合った混沌とした音がウォール・オブ・サウンドの真髄だと思う。

やがてその後、70年代から徐々に名を成してきたブルース・スプリングスティーンもスペクター・サウンド・リバイバルの列に加わってきた。自分もこのサウンドに興味を持っていたんだけれど、どうやってあのサウンドを作ったらいいのか分からないところへ、大滝さんが大きなヒントを与えてくれた。

——その流れがあったわけですね。

**佐野**　だけど彼が僕に「こうしなさい」と教えたわけじゃなかった。僕が彼の現場から自分で学び取った。いずれにしろ《SOMEDAY》というサウンドは、大滝詠一さんがいなければ、この世に生まれなかったということは断言できる。そして《SOMEDAY》は自分が暮らしている東京、この街に生きる子供たちのアンセムにしようと思っていましたから、都市的なロマンティシズムがどうしても必要だった。

——よく分かります。だからあのイントロに街のSEが入ってるわけですね。佐野さんは、小坂さんに対して、『SOMEDAY』のアルバムの最後のレコーディングが終わったときに、「東京の片隅のこのスタジオで、こんな素敵なアルバムができたことを、世界中は知っているのかな?」っておっしゃっています。すっごくいい言葉だと思います。当時のことは憶えてらっしゃいますか。

**佐野**　憶えてるよ。毎日徹夜続きだったけれど、ついに完成して明け方の5時、街に出て言った言葉ですね。朝の光が街を照らし始めて、本当に心から解放されたことを憶えてる。

## EPICが生んだ価値は「つまらない大人にはなりたくない」

――僕が一番聴いたアルバムは、『Café Bohemia』（86年）です。『SOMEDAY』があって、『VISITORS』があって、『VISITORS』にはかなり戸惑いましたけれども。私も、ここにいる編集者も横浜スタジアムの「Café Bohemia Meeting」に行っております。

**佐野**　ありがとう。

――この中でやっぱり1曲選ぶとすると、《WILD HEARTS―冒険者たち》（86年）であって、この中の「♪すべての『なぜ？』に　いつでも答えを求めていたあの頃　いつか自由になれる日を　あてもなく夢みていた」。すでにロックスターになっていた佐野元春が、でも何かまだ満足していない感じがしました。当時のこの『Café Bohemia』あたりの、ロックスター・佐野元春の境地を聞かせてください。

**佐野**　アルバム『Café Bohemia』の前は『VISITORS』だった。『VISITORS』は僕のキャリアの中でも、ある意味実験を含むトライだった。当時、ラップミュージックの様式を使った日本語のロックはなかったので、ファンから反発があるのはしょうがなかった。でもコンサートツアーで、そうしたファンたちも面白いかもねって思ってくれた。とはいっても、『BACK TO THE STREET』『Heart Beat』や『No Damage』（83年）に比べたら、『VISITORS』はアバンギャルドだった。ファンは僕の頭がちょっとおかしくなったんじゃないかって思っていた。

――（笑）。

**佐野**　なので正直に言って、『VISITORS』はちょっとやりすぎたなと思った。そこで軌道修正をしたのが、『Café Bohemia』だ。『VISITORS』はビート、リズム、言葉を優先した音楽だったけれど、『Café Bohemia』ではメロディを戻した。見た目も洗練されたスタイリングにした。

――いやぁ、洒落てましたよ。

**佐野**　一緒にやっていたバンド＝THE HEARTLANDに、Tokyo Be-Bopというブラスセクションを加えて、ソウル・アンサンブルなサウンドを作った。例えば米国のノーザン・ソウル的な、ちょっと反骨もある、洒落たロックンロールでいけるんじゃないかと思って書いたのが、《WILD HEARTS―冒険者たち》であったり、《Young Bloods》であったりする。このサウンドならみんな気に入ってくれると思った。

と同時に、当時自分が編集して発行していた『THIS』というマガジンで、60年代のパリ5月革命当時の学生だった人たちにインタビューするっていう特集を組んだ。そうした精神性もアルバム『Café Bohemia』にぶち込んだという感じです。

——その流れ、《月と専制君主》(86年)は、「♪奴らの悪口をたたけよ　言葉に税はかからない」と歌います。あと、原発問題を取り上げた《警告どおり計画どおり》(88年)。そして昨日、私の部屋を探してみると、89年の横浜スタジアムのコンサートパンフレットがありまして、その中で当時の「拘禁二法案」について、佐野さんは「くそったれな法律」って書かれてます。

**佐野**　まあね。

——メジャーシーンになったのに、どんどん爪が研ぎ澄まされていくといいましょうか。それこそ「言葉に税はかからない」っていう形で、発言がラディカルになっていくのを、とても頼もしく見てたんですけども、そのときの気分を教えてください。

**佐野**　頼もしく見てくれた寛容なファンには、本当に感謝しています。当時自分は、日本語によるロックンロール表現の可能性を限りなく広げたいと思っていた。後から来る若い表現者たち、同世代の表現者たちに、ロックンロールというフォーマットを使って、もっと自由になろうぜっていうことを、アジテートしたかった。そのためには、規格からはみ出すかもしれない。大人連中からは中傷されるかもしれない。それでも前進できたのは多くのファンが付いていてくれてたから。彼らがいなかったら挫《くじ》けていただろう。

——今の音楽シーンは、数年前に、例えばフジロックフェスティバルで「政治を語るコーナーを作るべきか、作らないべきか」という論争があったりなど、音楽の中に政治や社会的な問題を持ち込まなくていいっていう若者のアーティストが多くなって来ていると思います。そういう状況に関して、佐野さんはどう思われますか。

**佐野**　彼らにとってロック音楽はただのエンターテインメントなんだろうと思う。でもロック音楽は表現であり文化だと思っている人もいる。僕もそうだ。

――心強いです。では、最後の質問に行きます。佐野元春さんがロックスターになって、そしてＥＰＩＣソニーのレーベルを中心に、たくさんのロックミュージシャンが出てきます。大江千里、渡辺美里、小室哲哉、大沢誉志幸、岡村靖幸。僕は、今挙げたメンバーっていうのは、佐野元春の影響、特に歌い方の影響が強かったと思うんですけれども、自分の周辺から、そういう若い才能がたくさん出てきたことに関して、当時どう思ってらっしゃいましたか？

**佐野**　正直に言えば、80年代の自分というのは「自分大革命」のときでしたから、周りのミュージシャンが何をしてるかについては、あまり見えてなかった。でも僕の音楽に影響された新しい音楽が出てきたのだとしたらとても光栄に思います。

――今挙げたミュージシャンはみんな、「♪シャンデリアの街で眠れずに」や「♪街の唄が聴こえてきて」っていう日本語の乗せ方をしていて、ビジュアルの使い方がうまく、あと、ＥＰＩＣソニーのミュージシャンは、佐野元春さんの路線を継いで、ハンサムと美女が多かったと思います。見た目がソフィスティケートされてるミュージシャンが多かったんです。佐野元春さんの影響が、強く彼らにあると思うんですけれども。

**佐野**　それは当時、ＥＰＩＣソニーのミュージシャンたちを認めてくれたスージーさんのようなファンがいたからだ。どんなにいいことやっていてもその価値を発見してくれるファンがいなかったら何も起こらない。たまたま時代とマッチしたということもあると思う。ポップ音楽にはそうした要素も必要です。

――80年代ＥＰＩＣソニーの音楽を聴いて、私は中学生から大学生まで過ごしました。その他にもたくさんの音楽を聴いたのですが、それで思うのは、80年代のＥＰＩＣソニーっていうのは、他のレコード会社、他のレーベルにはない、何か魔法があったような気がします。それは当時の他のレコード会社と比べてもそうですし、また90年代以降のＥＰＩＣソニーも、その80年代のキラキラした魅力を失ったように感じます。80年代のＥＰＩＣソニーが、私も含めたリスナーを魅了する音楽をなぜ量産できたのかというのが、今回の本のテーマなんですけれども、佐野さんがお考えになる部分があったら教えてください。

**佐野**　１つ言えることは、ＥＰＩＣソニーが量産したのではなく、ＥＰＩＣソニーが作り出すものに、多くの若い音楽リスナーが良い価値を発見してくれたから。だからあの時代、ＥＰＩＣソニーは輝いた。

――ＥＰＩＣソニーが生んだ価値というのを、佐野さん流に言い換えるとどうでしょうか。

**佐野**　ＥＰＩＣが生んだ価値とは、勘違いかもしれないけれど、自分の曲で喩えれば「つまらない大人にはなりたくない」だと思う。つまり「成長するってどういうこと？」というのがテーマ。当時の歌を聴き返してみると「オトナvs.こども」の二項対立をテーマにした曲が多い。つまりＥＰＩＣが生んだ価値とは、80年代都市部から台頭してきた新しい世代、新しいティーンエイジャーたちの価値観だったんだと思う。それは明らかにそれまでの70年代の兄姉の世代の意識とは違っていた。時代がそれを求めていた。良い楽曲も多かったので、当時の多くの若い音楽リスナーが支持してくれた。シナジーを起こすような形で、80年代ＥＰＩＣソニーは黄金期を迎えることになったんだと思う。

――なるほど。今、ＥＰＩＣソニーの価値の本質として、「つまらない大人にはなりたくない」とおっしゃいました。だから、都市部の擦れっからしのキッズたちを魅了する「つまらない大人にはなりたくない」的価値観の楽曲を、ＥＰＩＣソニーがたくさん生み出せたのだと解釈しましたけど、間違いないですか。

**佐野**　たぶんね。もちろんそうじゃない曲もあったよ。ただＥＰＩＣは確かにあの時代、新しくて強力なムーブメントを作っていた。魅力的な歌手やソングライターがいっぱいいて、とても影響力があった。それはＥＰＩＣにとどまらず、他のレーベルのアーティストたち、そして同時代のソングライターたちにまで広まっていった。

――最後の最後の質問です。先ほどの《ガラスのジェネレーション》（80年）の歌詞、「つまらない大人にはなりたくない」。2011年に、全日空の機内ラジオで、女優の向井亜紀さんが佐野元春さんのファンだというので、インタビューを受けていて、「《ガラスのジェネレーション》という曲は、私の背骨のような曲です」とおっしゃってました。私にはその感覚がよく分かるのです。大阪の街外れの擦れっからしのキッズのときに「つまらない大人にはなりたくない」という言葉を受け取ったことが、今ここで、こういうインタビューする立場を得た理由になっているという感覚があります。そんなキッズがもう40代になり、50代になり、今でも佐野元春のことを考えながら生きています。当時のキッズにメッセージをお願いします。

**佐野**　ありがとう。

――もう一言ぐらい、どうですか（笑）。

**佐野**　もっとヒットしてほしかった。

――（笑）。いろいろ聞きにくいこととか、率直なことを、ちょっと矢継ぎ早に聞いて申し訳ございませんでした。

**佐野**　大丈夫です。

――ただ、今までの佐野元春さんへのインタビューにはなかった言葉がたくさん釣れたので、私的《わたし》には満足しております。

**佐野**　スージーさんは80年代ＥＰＩＣソニーを、愛情を持って深く研究なさってる研究家ですので、僕の証言、発言が何かのお役に立てればと思い、いろいろと憶えていることはすべて喋りました。

――40周年の、いろいろバタバタとお忙しい中、ありがとうございました。

# おわりに――EPICソニーをきちんと葬り去るために

発端は、2019年1月31日木曜日の夜、赤坂の「望蜀瀘《ぼうしょくろ》」という四川料理レストランで行われた食事会だった。私に加え、音楽サイト『リマインダー』の面々と、（私もレギュラー出演している bayfm『9の音粋』で）DJとしても活躍している「イントロマエストロ」＝藤田太郎さん、「イントロクイズ芸人」のアンチエイジ徳泉さんという怪しいメンバーが出席。

サイト『リマインダー』は、当時の私にとって、80年代音楽についての好きなことを書かせていただけるありがたい媒体で、その成果物としての1冊が『80年代音楽解体新書』なのだが、プロデューサーの太田秀樹さんから「次、どんなテーマで連載します？」と聞かれ、私が思わずとっさに「EPICソニー、どうですかね？」と答えたことが、この本の第一歩となった。『リマインダー』で、「ばんばひろふみ《SACHIKO》が火をつけた大爆発への導火線」が掲載されたのが19年の3月12日。それから約2年半もの月日を経て、この本がリリースされたこととなる。

まず、1曲1曲聴き込んで、とりわけその音について1曲1曲書き尽くすという、音楽評論家としての私のベーシックな方法論を用いた本としては、『1979年の歌謡曲』（彩流社）、『1984年の歌謡曲』『イントロの法則80's—沢田研二から大滝詠一まで』『チェッカーズの音楽とその時代』（ブックマン社）などに続くものとなる。楽曲や音楽家にまつわるトリビア（ゴシップ含む）に軸足を置く記事が、主にネット界で増えてきているが、私にはやはり、曲そのもの、音そのものと対峙《たいじ》する方法論が正直だ。

2年半の間、あれやこれやを不自由にしたのは、言うまでもなく、新型コロナウイルスである。集英社のビルの会議室、お互いマスクをしながら、換気のためにドアを開けっ放しにして行われた小坂洋二氏へのインタビューや、同じく集英社の会議室の大画面テレビ越しに、オンラインで行われた佐野元春氏へのインタビューなど、コロナの影に怯《おび》えながら、この本は作られた。

もちろん、この本の最大の売りは、両氏へのインタビューである。小坂洋二氏へのインタビューは、それそのものが非常に貴重なものであり、多くのＥＰＩＣソニー・ファン、ひいては音楽ファンにとって未知のファクトが並んでいるはずだ。また佐野元春氏へのインタビューも、突っ込んだ部分、瑣末な部分も含め、あまたある同氏へのインタビューの中でも、独自の意味と価値を持つものになっていると信じる。

ある種古臭い、カビが生えているような言葉をあえて持ち出すと、小坂洋二と佐野元春、この、EPICソニーの歴史を支え、推進したキーパーソン2人の生き方に共通するのは「反骨精神」だと痛感した。

この本を書きながら「もう一度、EPICソニーのような冴えた音楽ムーブメントは起き得るのか?」と何度も考えたが、否定的・悲観的な結論にならざるを得ない。音楽市場の激変が、そう思わせる最大の要因だが、そもそも、今どきの音楽業界に「反骨精神」を掲げる登場人物が何人いるかと考えると途方に暮れる。「反骨精神」という言葉に「エ・ピ・ッ・ク」とルビを振って、商標登録するのはどうだろう。

EPICソニーのようなムーブメントが、二度と帰ってこないのであれば、なおのこと、「EPICソニーとはいったい何だったのか」を歴史的に検証して記しておかねばと、改めて強く思った。EPICソニーをきちんと葬り去るために——。それが、EPICソニーに感化され続けた50代の音楽評論家の責務だと思うし、また、もしかしたら「第二のEPICソニー」のようなムーブメントへのきっかけになるかもしれないからだ。

全体的に、佐野元春・大沢誉志幸・岡村靖幸あたりに偏った「ＥＰＩＣソニー史観」だったかもしれない。また「80年代ＥＰＩＣソニー原理主義」が強すぎるのではないかという意見も、ひと世代下の読者の方々からいただくかもしれない。本を出すたびに同じことを書くのだが――「だとしたら、ぜひ、あなたのＥＰＩＣソニー史観を書いてください・話してください」。歴史に対するいろんな見方・考え方を、あけすけに交流することからしか、この国の音楽評論の貧弱な土壌は変えられない。

編集者の藁谷浩一さんは、17年に発売された『１９８４年の歌謡曲』の編集をしていただいたパートナーであり、４年ぶりのタッグになる。基本的に感情の見えにくい、無表情な方なのだが、それでも佐野元春氏へのオンラインインタビューのときに、少しばかり興奮している様子がして微笑ましかった。若い頃、浴びるように接種した「反骨精神《エピック》」という名のワクチンは、少なくとも30年以上は、体内に残存し続けるようだ。

『リマインダー』の太田秀樹さんと鎌倉屋武士さんとふくだよしのりさん、同じくきっかけの場にいた藤田太郎さん、アンチエイジ徳泉さんに感謝。そして、藁谷浩一さん、小坂洋二さん、佐野元春さんに感謝感謝。あと、ラストスパートを併走してくれた飯尾ラマ子さんに特別な感謝を。

最後に、この本を読んでいただいた特に若い人に向けては、考えに考え抜いたのだが、やはり、この言葉を贈りたいと思う。

♪寂しくて悲しくてつらいことばかりならば　あきらめてかまわない　大事なことはそんなんじゃない

（八王子で開催される岡村靖幸コンサートの前日＝２０２１年6月23日記）

スージー鈴木

ＪＡＳＲＡＣ　出　２１０６３４２－１０１

**スージー鈴木**（すーじー　すずき）

一九六六年大阪府東大阪市生まれ。早稲田大学政治経済学部卒業。ラジオDJ、音楽評論家、野球文化評論家、小説家。音楽評論の領域は邦楽を中心に昭和歌謡から最新ヒット曲まで幅広い。著書に『平成Jポップと令和歌謡』（彩流社）、『恋するラジオ』（ブックマン社）、『80年代音楽解体新書』（彩流社）、『イントロの法則80's―沢田研二から大滝詠一まで』（文藝春秋）、『サザンオールスターズ　1978―1985』（新潮新書）、『1984年の歌謡曲』（イースト新書）など多数。

集英社新書一〇八九F

# EPICソニーとその時《じ》代《だい》

二〇二一年一〇月二〇日　第一刷発行

著者……スージー鈴木《すずき》
発行者……樋口尚也
発行所……株式会社集英社
東京都千代田区一ツ橋二―五―一〇　郵便番号一〇一―八〇五〇
電話　〇三―三二三〇―六三九一（編集部）
〇三―三二三〇―六〇八〇（読者係）
〇三―三二三〇―六三九三（販売部）書店専用

装幀……原　研哉
印刷所……大日本印刷株式会社　凸版印刷株式会社
製本所……加藤製本株式会社

定価はカバーに表示してあります。


ISBN 978-4-08-721189-4 C0273



Printed in Japan

a pilot of wisdom